Sind wir noch zu retten? Warum Veganer nicht nur die Welt retten

Wissenschaftliche Fakten für Veganer, Vegetarier und Fleischesser

Marie Lynn

Sind wir noch zu retten? Warum Veganer nicht nur die Welt retten
Wissenschaftliche Fakten für Veganer, Vegetarier und Fleischesser

Für Fragen und Anregungen:

business@nerdzplanet.com
Auflage 2020

Über die Autorin

Marie ist nicht nur Autorin, um Wissen zu vermitteln – sie ist mit ganzem Herzen dabei. Die 25-jährige Soziologin hat nach ihrem Studium schnell gemerkt, worauf sie sich konzentrieren muss, um ihre innere Mitte zu finden und ein entstresstes Leben zu führen. Mittlerweile gehört Meditation zu ihrem täglichen Leben, fest integriert in den stressigen Alltag und das hektische Leben ihrer Heimatstadt Düsseldorf. Die Gelassenheit, die für sie alltäglich ist, basiert auf vielen Büchern, Erfahrungen und einem offenen Geist für Neues. Gerade dieser ist wichtig, um ständig weiter zu lernen, sich immer Neuem zu widmen und sich nach und nach zu öffnen und kennenzulernen.

Marie erklärt auf eine sehr persönliche Weise ihren Bezug zur Spiritualität, den Glauben an das, was nicht sofort ersichtlich ist und wie man mit Liebe durch die Welt geht.

Noch heute ist sie dabei, alles an neuem Input aufzunehmen und stetig an das Gute im Menschen zu appellieren!

INHALT

Vorwort

Das Thema vegane Ernährung ist schon längst keine Randerscheinung mehr. Immer mehr Menschen entscheiden sich für eine vegane oder vegetarische Ernährung. Viele achten auch darauf, weniger Fleisch zu konsumieren. Doch es gibt viele Menschen, die der rein pflanzlichen Ernährung kritisch gegenüberstehen. Viele Laien, aber auch Ärzte und Ärztinnen, sind nicht gut über den neusten Stand der Forschung informiert.

Vor allem wird Ernährung nicht im Medizinstudium gelehrt. Noch immer herrschen viele Vorurteile. Zum Beispiel hält sich das Vorurteil hartnäckig, dass vegane Ernährung ungesund sei und zu Mangelerscheinungen führe. Der vorliegende Ratgeber klärt anhand von Fakten und wissenschaftlichen Erkenntnissen auf, ohne missionieren zu wollen. Dieses Buch richtet sich an alle Kritiker und Kritikerinnen sowie an alle, die sich mehr über die vegane Ernährung informieren möchten.

Sie bekommen einen Einblick darüber, warum tierische Produkte so schlecht für die Umwelt sind und welche gesundheitlichen Vorteile eine vegane Ernährung bietet. Wie kam es überhaupt zur Massentierhaltung? Welche Vorurteile herrschen immer noch über Veganer? Welche kritischen Inhaltsstoffe befinden sich in unserem Essen? Auf all diese Fragen werden Sie Antworten finden. Neben all den gesundheitlichen Aspekten erhalten Sie zudem eine philosophische Betrachtungsweise zum Thema Tierschutz. Am Ende des Ratgebers finden Sie ein Literaturverzeichnis, in dem Sie zu jedem Kapitel die passenden Studien und wissenschaftlichen Quellen finden.

Es gibt mittlerweile so viele verschiedene Ernährungsformen. Damit Sie nicht durcheinander kommen, bekommen Sie hier eine kleine Übersicht.

Vegetarier, Veganer und Pescetarier

O gelegentlich
X Verzicht
✓ erlaubt

	Fleisch	Fisch	Eier	Milch/ Milch-produkte	Honig
Flexitarier	O	O	✓	✓	✓
Pescetarier	X	✓	✓	✓	✓
Ovo-Lakto-Vegetarier	X	X	✓	✓	✓
Ovo-Vegetarier	X	X	✓	X	✓
Lakto-Vegetarier	X	X	X	✓	✓
Veganer	X	X	X	X	X

Einleitung

Laut des Vegetarierbunds leben in Deutschland 7,8 Millionen Vegetarier und eine Millionen Veganer. Mittlerweile gibt es auch immer mehr alternative Produkte. Selbst der Geschäftsführer von Rügenwalder Mühle, Christian Rauffus, sagte der F.A.Z, dass der häufige Verzehr von Fleisch nicht gut für die Gesundheit sei. Deshalb hat Rügenwalder Mühle zum Teil auch auf vegane und vegetarische Produkte umgestellt.

Doch statistisch betrachtet hat sich in Deutschland wenig getan. Der Fleischkonsum pro Kopf betrug im Jahr 2000 etwa 61 Kilogramm. In den vergangenen Jahren waren es nur etwa 700 Gramm weniger. Deshalb ist eine Aufklärung und Sensibilisierung wichtig. Denn ein hoher Fleischkonsum ist nicht nur schlecht für die Tiere, sondern auch für die Umwelt, für die Menschenrechte und für die eigene Gesundheit.

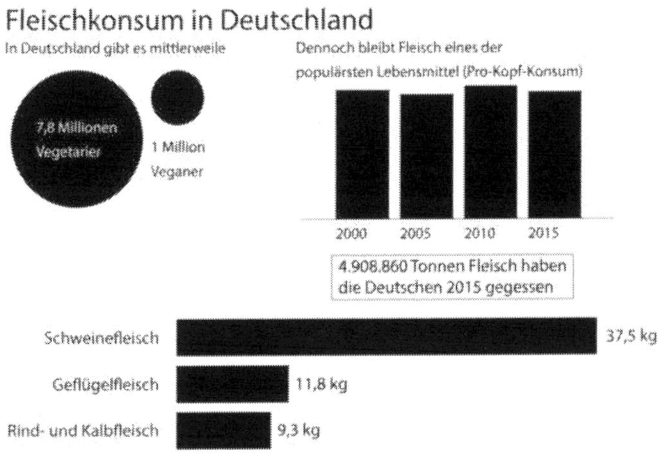
Fleischkonsum in Deutschland
In Deutschland gibt es mittlerweile
7,8 Millionen Vegetarier
1 Million Veganer
Dennoch bleibt Fleisch eines der populärsten Lebensmittel (Pro-Kopf-Konsum)
2000
2005
2010
2015
4.908.860 Tonnen Fleisch haben die Deutschen 2015 gegessen
Schweinefleisch
37,5 kg
Geflügelfleisch
11,8 kg
Rind- und Kalbfleisch
9,3 kg

Nervende Veganer und andere Schlauberger – Das vegane Dilemma

Wenn Sie noch ein überzeugter Fleischesser sind, haben Sie sicher auch schon einmal das Gefühl gehabt, dass vegan und vegetarisch lebende Menschen kluge, wenn nicht sogar missionierende Sprüche von sich geben. Sie denken sicher „Ob ich Fleisch esse oder nicht, ist meine persönliche Entscheidung." Ganz so einfach ist es aber nicht. Denn die Art und Weise, wie wir uns ernähren und konsumieren, hat Einfluss auf uns alle: auf alle Menschen, die auf unserem Planeten leben, auf alle Tiere und auf die Umwelt.

Julia Minson von der Universität Pennsylvania und Benoit Monin von der Universität Standford kamen zu dem Ergebnis, dass Fleischesser sich von vegan oder vegetarisch lebenden Menschen verurteilt fühlen, weil diese ihr positives Selbstbild in Frage stellen. Viele Menschen wehren sich dann, indem sie sich über die vegane Lebenseinstellung lustig machen bzw. die vegan lebende Person ins Lächerliche ziehen. Meist müssen Veganer noch nicht einmal viel über ihre Lebensweise erzählen. Oftmals reicht schon die Tatsache aus, dass sie vegan leben, um ihnen einen Vorwurf zu machen.

Viele Fleischesser versuchen zu verdrängen, woher ihr Essen kommt. Dies wird jedoch schwerer, wenn ein Veganer oder ein Vegetarier mit am Tisch sitzt. Nun versuchen die Fleischesser ihre negativen Gefühle auf Menschen zu projizieren, die auf tierische Lebensmittel verzichten.

Um diese Verhaltensweise zu veranschaulichen, haben Minson und Monin eine Studie zu der Thematik durchgeführt. Probanden, die Fleischesser sind, sollten Begriffe aufschreiben, die ihnen zu Vegetariern einfallen. Sehr häufig kamen Begriffe wie „arrogant“ oder „nervig“ vor. Daraufhin sollten diese Probanden überlegen, was ein Vegetarier zu ihnen sagen würde. Die Probanden, die etwas Negatives über Vegetarier geäußert hatten, kamen zu dem Schluss, dass auch Vegetarier schlecht über sie reden würden.

Der Redakteur Christian Vock hat für die Süddeutsche Zeitung einen interessanten Artikel zu dem Thema verfasst, den er „Das Dilemma der Veganer" nennt. Das Wort „Dilemma" passt hier sehr gut, denn Veganer haben sich sehr lange mit dem Leid der Tiere und der Umwelt auseinandergesetzt. Dieses Bewusstsein über das Leid führt zu dem besagten Dilemma. Auch wenn sich in den letzten Jahren einiges getan hat, leben wir noch immer in einer Gesellschaft, in der Fleischkonsum eine hohe Bedeutung hat. Menschen, die auf tierische Produkte verzichten und das auch noch aus moralischen Gründen, ecken damit an.

Obwohl sich Vock selber nicht vegan ernährt, kommt er zu dem Schluss, dass Veganer die besseren Menschen sind, bezogen auf den Umgang mit Tieren. Er ist der Ansicht, dass Fleischesser nicht die angebliche Arroganz eines Veganers als störend empfinden, sondern das eigene schlechte Gewissen.

Natürlich ist niemand perfekt. Auch die meisten Menschen, die vegan oder vegetarisch leben, haben früher Fleisch und andere tierische Produkte konsumiert. Wir sind in einer Welt aufgewachsen, in der es normal ist, Fleisch, Eier und Milchprodukte zu konsumieren. Doch diese „Normalität" lässt sich wissenschaftlich nicht begründen. In den folgenden Kapiteln werden einige Fakten und Informationen aufgearbeitet, um eine dauerhafte vegane Ernährung wissenschaftlich zu begründen. Das Vorurteil, dass Veganer „nervig" sind, ist somit nicht mehr haltbar.

Ernährung in Industrienationen

Natürlich kennt jeder den Begriff „Industrienationen“ oder „Industrieländer“. Doch was genau versteht man darunter und was haben diese Länder mit Ernährung zu tun?

Ursprünglich kommt der Begriff „Industrieland“ aus dem Bereich der Wirtschaftslehre. Die Definition des Begriffs gestaltet sich jedoch sehr schwierig. Das Gablers Wirtschaftslexikon sagt, dass man eine Industrienation daran erkennt, dass die hauptsächliche Einnahmequelle von Industrieländern durch Industriebetriebe entstehen. Doch in den meisten Industrieländern wurde die Industrie weitgehend durch Dienstleistungen ersetzt, wie zum Beispiel Ver-sicherungsgesellschaften, Banken, Supermärkte, Restaurantketten, aber auch Pflegeberufe. Was eine Industrienation wirklich ausmacht, sind folgende Eigenschaften:

- Historisch gesehen ist die Wirtschaft des Landes durch die Industrie geprägt.
- Im Vergleich zu anderen Ländern gibt es ein hohes Einkommen.
- Das Land ist wirtschaftlich gut gerüstet.
- Es gibt einen guten Zugang zu Bildung und Technik.
- Obwohl laut dem Bruttoinlandsprodukt die Dienstleistungen steigen und die Industrie an Bedeutung verloren hat, werden die ehemaligen Industrienationen immer noch als solche bezeichnet.

Eine weitere sehr wichtige Eigenschaft von Industrienationen ist die hohe CO2-Belastung. Die Bundeszentrale für politische Bildung stellt fest, dass die klassischen Industrieländer aufgrund des hohen Konsums und des „besseren" Lebensstils die höchsten CO2-Werte aufweisen. Vor allem der häufige Fleischkonsum und die Massentierhaltung schaden dem Klima erheblich. Aber auch andere Konsumgüter wie Inlandsflüge, elektrische Geräte und Autos erzeugen viel CO2. Die Folge ist, dass Menschen auf anderen Kontinenten, die überhaupt keinen Zugang zu solchen Luxusgütern haben, die größten Auswirkungen des Klimawandels zu spüren bekommen. Sie erleben häufig Umweltkatastrophen wie Stürme, Dürren und Überschwemmungen oder leiden an Hunger und Krankheiten.

Das CO2 verbleibt etwa 100 Jahre in der Atmosphäre, weshalb nicht nur aktuelle Statistiken von Bedeutung sind. Laut aktuellen Zahlen erzeugen China und die USA die größten Mengen an Treibhausgasen. Direkt danach folgen die EU und Indien. Heute ist die EU für etwa 16 Prozent des weltweiten CO2-Ausstoßes verantwortlich, aber historisch betrachtet ist sie für 27 Prozent der gesamten Emissionen verantwortlich. Da die Industrialisierung in Großbritannien sehr früh begann, ist der frühere Anteil dreimal so groß wie der aktuelle Anteil.

Da wir und unsere Vorfahren in den Industrienationen einen großen Schaden angerichtet haben, sind wir dafür verantwortlich, dass sich etwas ändert, um in den nächsten Jahrzehnten CO2 einzusparen. Die Verantwortung beginnt beim eigenem Konsumverhalten. Kurze Strecken könnte man zu Fuß gehen oder mit dem Rad fahren anstatt das Auto zu nehmen; zum Einkaufen kann man Stofftaschen mitnehmen anstatt sich vor Ort Plastiktüten zu kaufen; Kleidung und Bücher kann man hin und wieder auch gebraucht holen oder sich ausleihen anstatt Konsumgüter neu zu kaufen. Aber langfristig müssen natürlich auch die Unternehmen umsteigen und nachhaltiger produzieren.

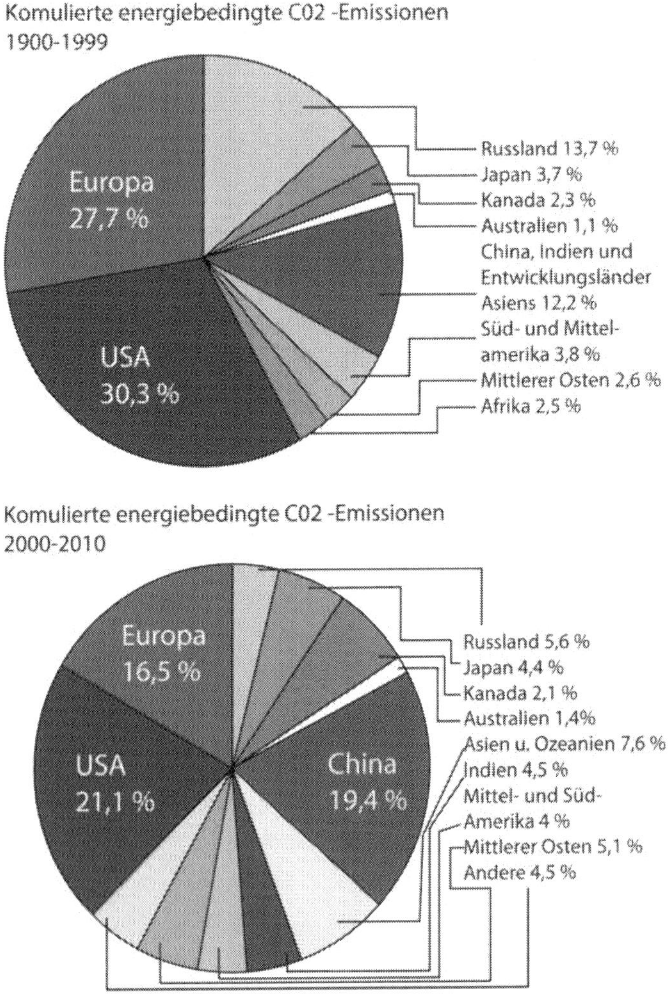

Abb. 1: Kumulierte energiebedingte CO2-Emissionen für verschiedene Zeiträume. Quelle: Wuppertal Institut nach US EIA 2012

Harte Fakten

Als Veganer oder Veganerin können Sie einiges an Wasser sparen und tun zudem etwas für die Umwelt und die Menschenrechte. Denn vegane Ernährung dreht sich nicht nur um den Tierschutz. Dieses Kapitel beschäftigt sich mit Zahlen und Fakten, die verdeutlichen, wie sich die Lage der Welt verändern könnte, wenn sich mehr Menschen für die vegane Lebensweise entschieden. Sie müssen auch kein Tierschützer sein. Es reicht vollkommen aus, wenn Ihnen die Umwelt und die Menschenrechte am Herzen liegen.

WARUM FLEISCHESSER DEN WASSERVERBRAUCH IN DER WELT IN DIE HÖHE TREIBEN

Wussten Sie, dass der größte Wasserverbrauch nicht beim Duschen entsteht, sondern beim Fleischverzehr bzw. in der Landwirtschaft? Dies wird auch als „virtueller“

Wasserverbrauch bezeichnet. Jeder einzelne Mensch verbraucht am Tag durchschnittlich 4000 Liter Wasser. Die größte Literanzahl steckt indirekt in Lebensmitteln und anderen Produkten.

Beim Wasserverbrauch kann man zwischen grünem, blauem und grauem Wasser unterscheiden. Grünes Wasser bezeichnet die Menge an Wasser, die aus dem Boden oder durch den Regen zustande kommt. Dies wird als unproblematisch eingestuft. Das blaue Wasser stammt aus künstlichen Bewässerungen, was als sehr kritisch betrachtet wird. Aber am schlimmsten wird der Verbrauch von grauem Wasser eingeschätzt. Dies ist die Wassermenge, die dafür benötigt wird, um verschmutztes Süßwasser zu verdünnen.

In der deutschen Landwirtschaft wird zwar für mehr pflanzliche Produkte Wasser verbraucht (etwa 71 Prozent), aber die Großzahl dieser Pflanzen werden an Nutztiere verfüttert. Etwa 60 Prozent der gesamten Ackerfläche in Deutschland wird zum Anbau von Futtermitteln verwendet.

Die folgende Grafik verdeutlicht den Unterschied des blauen Wasserverbrauchs zwischen Fleischessern sowie vegetarischen und vegan lebenden Menschen. Während Fleischesser etwa 299 Liter Wasser am Tag verbrauchen, verbrauchen Vegetarier nur 205 Liter und Veganer 179 Liter.

Was können Sie tun, um Wasser zu sparen?
Um Wasser zu sparen, eignet sich eine auf Pflanzen basierte Ernährung. Sie tun dem Klima auch etwas Gutes, wenn Sie nur einmal die Woche Fleisch konsumieren oder erst einmal nur vegetarisch leben.

Pro-Kopf-Verbrauch an blauem Wasser für agrarprodukte der EU-28

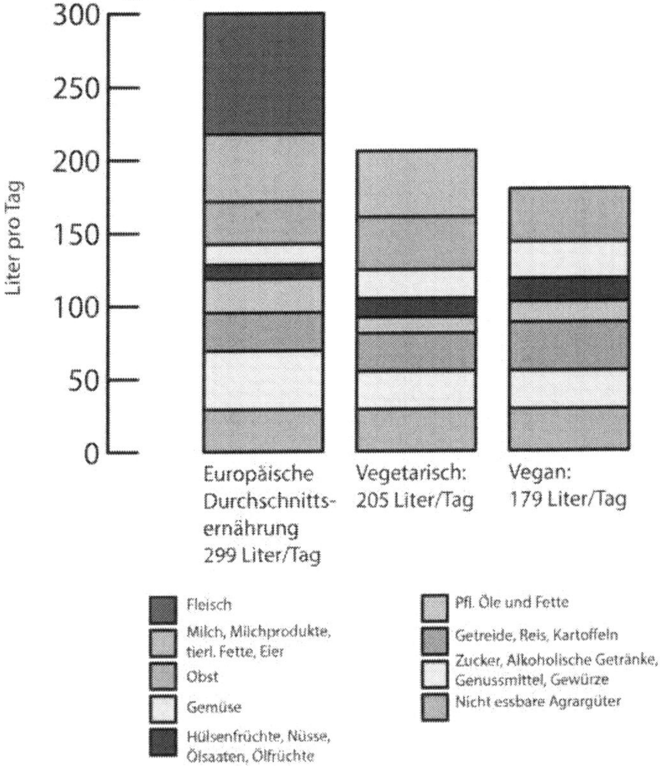

WARUM FLEISCHESSER FÜR DEN ABBAU DES REGENWALDES VERANTWORTLICH SIND

Wegen der Fleischproduktion werden große Teile des Regenwaldes abgeholzt, um Soja als Futtermittel anzubauen. Sehr oft müssen sich vegan lebende Menschen anhören, dass für ihre Sojaprodukte der Regenwald abgeholzt wird. Für die Produktion von Fleisch und Milch wird jedoch mehr Soja verbraucht.

Die Tiere wandeln nur einen Bruchteil der Kalorien in Fleisch oder Milch um, weshalb die Massentierhaltung Ressourcen verschwendet. Ein veganes Schnitzel besteht etwa zu 20 Prozent aus Soja und Pflanzenmilch, manchmal sogar zu weniger als 10 Prozent. Für tierische Produkte wurde indirekt viel mehr Soja verwendet. Um zum Beispiel 1 Kilogramm Schweinefleisch herzustellen, braucht man etwa 5 Kilogramm Futter, welches zu 10 Prozent aus Soja besteht. In einem Kilogramm Schweinefleisch sind demnach 500 Gramm Soja enthalten.

Ein weiterer Unterschied besteht darin, dass das Soja von veganen Produkten aus europäischem Anbau stammt und dass dafür keine Regenwälder abgeholzt werden.

Was können Sie gegen die Abholzung tun?
Falls Sie Sojaprodukte kaufen, achten Sie immer darauf, dass auf der Verpackung „aus europäischem Anbau" steht. Sie können natürlich auch komplett auf Soja verzichten und Produkte kaufen, die auf Mandel- , Reis- , Hafer- oder Weizenbasis sind. Seitan eignet sich zum Beispiel als guter Fleisch- und Sojaersatz.

WARUM FLEISCHESSER DEN BILLIG-LOHN-SEKTOR PUSHEN

Etwa 98 Prozent des Fleisches stammt aus der Massentierhaltung. Doch schon seit Jahren werden die Bedingungen in deutschen Schlachthöfen kritisiert. Insgesamt arbeiten etwa 100.000 Arbeitnehmer für die Fleischindustrie. Die meisten Arbeiter stammen aus osteuropäischen Ländern wie Rumänien oder Bulgarien. Die Menschen arbeiten dort unter sehr schlechten Arbeitsbedingungen. Sie zahlen oft eine überhöhte Miete, bekommen noch nicht einmal den Mindestlohn, arbeiten länger als erlaubt und müssen sogar für Arbeitsgeräte selber bezahlen.

Einige Nachrichtensender oder zum Beispiel auch die Tagesschau bezeichnen die Schlachthofbetriebe als eine moderne Sklaverei. Recherchen haben ergeben, dass die Arbeitsbedingungen zum Teil rechtswidrig sind. Etwa 80 Prozent der Arbeitnehmer sind über Werkverträge eingestellt. Die Verschwiegenheitspflicht in den Arbeitsverträgen ist viel zu weit gefasst, sodass ein Arbeitgeber noch nicht einmal mit einem Anwalt über seinen Vertrag reden darf, um sich juristischen Rat einzuholen.

Viele Mitarbeiter berichten auch darüber, dass neue Arbeitskräfte nur zwei oder drei Tage angelernt werden. Niemand erlernt in der Zeit, wie man zum Beispiel ein Rind „richtig“ schlachtet. Offiziell arbeiten die Mitarbeiter etwa 40 bis 50 Stunden pro Woche. Aber inoffiziell herrschen längere Arbeitszeiten. Durchschnittlich arbeitet jeder Mitarbeiter 12 Stunden pro Tag. Das wäre dann eine 60-Stunden-Woche. Die Überstunden bleiben auch noch unbezahlt. Arbeitsrechtlerin Brors sagt zu den Zuständen: „Das ist letztlich Ausbeutung. Das ist ein Rückfall in frühkapitalistische Zeiten (...), eine Art moderner Sklaverei.“

WIE SIE IN NUR EINEM JAHR DIE WELT ALS VEGANER ZU EINEM BESSEREN ORT MACHEN: EIN RECHENBEISPIEL

Einige Skeptiker glauben, dass eine vegane oder vegetarische Ernährung nichts verändern würde. Dies begründen diese Menschen damit, dass die Tiere ja eh geschlachtet werden und dass man tierische Produkte trotzdem herstellt. Doch das Angebot bestimmt die Nachfrage. Wer sich allein schon ein Jahr lang vegan oder vegetarisch ernährt, spart unglaublich viele Ressourcen ein und rettet Leben.

Hier ein kleines Rechenbeispiel:
Gehen wir erst einmal davon aus, dass Sie Fleisch konsumieren. Durchschnittlich konsumieren Fleischesser 253 Gramm Geflügel in der Woche, 686 Gramm Schweinefleisch und 185 Gramm Rindfleisch. Auf zehn Jahre hochgerechnet wären dies 463 Kilogramm Schweinefleisch, 182 Kilogramm Rindfleisch und 180 Kilogramm Geflügel. Sie verbrauchen also 4,7 Schweine, 0,6 Rinder und 117 Hühner. Dieser Fleischkonsum ist auch für die Umwelt sehr kritisch. In zehn Jahren verbrauchen Sie etwa 5785 Kilogramm CO2.

Nehmen wir einmal an, Sie ernähren sich ab jetzt ein Jahr lang vegetarisch. In einem Jahr würden Sie 0,5 Schweine, 0,1 Rinder und 12 Hühner retten. Zudem würden Sie in diesem Jahr 578 Kilogramm CO2einsparen. Wer sich ein Jahr lang vegan ernährt, rettet die gleiche Anzahl an Tieren und spart auch in etwa 578 Kilogramm CO2 ein. Hinzu kommt jedoch, dass Sie 120,9 Kilogramm an Milchprodukten und Käse einsparen, etwa 230 Eier und 1 Kilogramm Honig.

Wenn Sie selber ausrechnen wollen, wie viele Tieren Sie durch Ihre Ernährung schon gerettet haben, können Sie online folgende Seite aufrufen:
https://www.blitzrechner.de/fleisch/.

Es ist natürlich immer leicht, den Menschen Zahlen und Fakten darzulegen. Aber was konkret können Sie tun, um Ihre Ernährung langfristig klima- und tierfreundlicher zu gestalten?

1. Teurer, aber bewusster konsumieren: Wenn Sie Fleisch essen möchten, kaufen Sie es beim Bio-Metzger oder beim Bio-Bauern. Der Preis dort ist sehr hoch, aber dadurch lernt man nach und nach den Wert der Produkte zu schätzen anstatt nur wahllos billiges Supermarktfleisch zu konsumieren.
2. Wenn schon Fleisch, dann mehr Hühnchen: Die Produktion von Schwein und Rind verbraucht viel CO2. Die Bilanz bei Hühnern sieht ein wenig besser aus, weil für ihr Futter weniger Ressourcen verschwendet werden.
3. Regionale Produkte: Egal, um welche Produkte es geht, es ist immer von Vorteil, regionale Produkte zu kaufen anstatt Fleisch, Obst oder Gemüse, das einen langen Transportweg hinter sich hat. Vor allem entsteht durch lange Transportwege noch mehr Leid für die Tiere.
4. Mäßigungsregeln: Versuchen Sie, nur einmal pro Tag etwas Tierisches zu konsumieren. Durchschnittlich gibt es bei den Deutschen jeden Morgen ein Wurst- oder Käsebrot, in der Mittagspause Schnitzel mit Pommes und abends oft noch einmal Brote, die mit Wurst oder Käse belegt sind. Zwischendurch wird

dann noch Milchschokolade genascht oder Gebäck mit Eiern gegessen. Wenn Sie morgens schon etwas mit Wurst hatten, versuchen Sie doch, in der Mittagspause etwas Fleischfreies zu bestellen oder abends statt der Gulaschsuppe eine Linsensuppe zu kochen. Ein weiterer Schritt wäre, darauf zu achten, dass das Fleisch eher die Beilage ist. Bereiten Sie sich ein kleineres Schnitzel vor und essen Sie dafür mehr Salat und mehr Pommes.

5. Legen Sie einmal in der Woche einen veganen oder vegetarischen Tag ein und probieren Sie Fleischalternativen wie Sojageschnetzeltes in der Bolognesesauce oder in Chili Sin Carne, Falafelbällchen oder Linsenbratlinge anstatt Frikadellen. So lernen Sie auch neue Rezepte und Produkte kennen.
6. Ernährungsumstellung ohne Druck: Wenn Sie zu den Menschen gehören, die schon immer gerne tierische Produkte gegessen haben, bringt es nichts, von heute auf morgen mit der veganen Ernährung zu beginnen. Vor allem dann nicht, wenn Sie nicht zu 100 Prozent überzeugt davon sind. Machen Sie deshalb kleine Schritte. Verzichten Sie am Anfang ein oder zweimal pro Woche auf Fleisch und steigern Sie sich. Jeder Verzicht hilft dem Klima und rettet auf lange Sicht die Tiere.

Warum die Ernährungsindustrie nicht an unserer Gesundheit interessiert ist

Im letzten Kapitel wurden die schlechten Bedingungen von Schlachthöfen ja schon angesprochen. Dieses Kapitel geht nun näher auf die Ernährungsindustrie als Gesamtes ein und thematisiert die Missstände, die dort herrschen.

Schon Hippokrates hat gesagt: „Die Nahrung sei eure Medizin“ und „Alle Krankheiten beginnen im Darm.“ Deshalb ist eine gesunde und ausreichende Ernährung so wichtig, um Krankheiten vorbeugen zu können. Die Lebensmittelindustrie ist jedoch nicht darauf ausgerichtet.

Die meisten Produkte sind stark verarbeitet, enthalten viele Pestizide und Pflanzengifte und Fleisch enthält meist eine Menge an Antibiotika. Dies führt dazu, dass wir auf lange Sicht viele Allergien, Unverträglichkeiten, Magenschleimhautentzündungen, Reizdarm, Herz-Kreislauf-Erkrankungen, Diabetes oder Krebs bekommen können.

Der Mediziner Gregor Hasler beschreibt in seinem Werk „Die Darm-Hirn-Connection", dass neuste Forschungen zeigen, dass der Darm und das Hirn stark miteinander verbunden sind und quasi ein und dasselbe Organ sind. Das Gehirn ist lediglich eine Weiterentwicklung des Darmnervensystems. Wenn diese Darm-Hirn-Connection gestört ist, kann es zu den genannten Krankheiten kommen. Es können aber auch neurologische und psychische Beschwerden wie Essstörungen, Depressionen, Schizophrenie oder Demenz entstehen. Hasler sagt: „Es ist nun wissenschaftlich belegt, dass Ernährungsumstellungen, Präbiotika und Antioxidantien vermittels der Darm-Hirn-Connection unsere psychische und körperliche Widerstandskraft stärken."

Die industriellen Produkte können unsere körperlichen Bedürfnisse nicht erfüllen. Natürlich ist es nicht schlimm, hin und wieder mal ein industriell hergestelltes Brot oder Gebäckstück zu essen, aber es sollte keine dauerhafte Nahrungsquelle sein. Neue Befunde haben auch ergeben, dass sich Oxytocin-Rezeptoren nicht nur im Gehirn und in der Gebärmutter, sondern auch im Darm bilden. Greifen Sie deshalb statt zu industriellem Gebäck oder Milchschokolade lieber zu einer hoch-wertigen dunklen Schokolade. Einige Studien haben gezeigt, dass dunkle Schokolade die Stress-Resilienz verbessern kann.

Doch warum achten Lebensmittelhersteller nicht auf die Qualität ihrer Lebensmittel? Einer der größten Faktoren sind natürlich die Kosten. Von hochwertigen Lebensmitteln wird man schneller satt, da keine Geschmacksverstärker vorhanden sind. Somit würden Menschen davon weniger konsumieren und die Hersteller womöglich weniger verdienen. Fast Food ist für alle bequemer: für die Verbraucher, die für ihre Nahrung nicht mehr viel vorbereiten müssen, aber auch für die Hersteller, die billige Produkte von billigen Arbeitskräften herstellen lassen.

GEIZ IST GEIL

In Deutschland besteht die Lebensmittelindustrie aus Nahrungs-, Futter- und Getränkeindustrie. Es gab im Jahr 2019 etwa 5600 Betriebe und etwa eine halbe Millionen Menschen waren dort beschäftigt. Der Umsatz der Lebensmittelindustrie liegt bei 160 Milliarden Euro. Der größte Umsatz wurde in der Massentierhaltung bzw. in der Fleischverarbeitung erzielt. Für den Lebensmittelexport sind vor allem Milch und Milchprodukte, Fleisch und Süßigkeiten von großer Bedeutung.

Besonders durch tierische Produkte verdient die Lebens-mittelindustrie sehr viel Geld. Da ist es natürlich nicht verwunderlich, wenn diese nicht nachhaltiger produzieren will. Obwohl Menschen- und Tierrechte sowie der Umweltschutz essentiell sein sollten, ist die Lebensmittelindustrie nicht darauf ausgerichtet.

In den letzten Jahren gab es auch immer mehr Skandale, die herausgekommen sind. Von Gammelfleisch über verdorbene Milch und EHEC bis hin zu dioxinverseuchtem Tierfutter war alles dabei. Das Image der Lebensmittelindustrie ist schlechter als jemals zuvor und doch ändert sich kaum etwas. Besonders ungesunde Lebensmittel werden gesünder dargestellt, als diese eigentlich sind. Diese These wird von einer Studie gestützt, die in der medizinischen Fachzeitschrift „The Lancet" veröffentlicht wurde.

Die Lebensmittelindustrie versucht, die Bevölkerung systematisch von Zucker, Fett und zu viel Salz abhängig zu machen, damit die Verbraucher öfters ihre Produkte kaufen. Einige Tricks von Herstellern sind, juristisch betrachtet, vollkommen legal. Ein Beispiel wäre Schinken, der nur aus Schlachtabfällen hergestellt wird oder Fruchtjoghurt, bei dem der Fruchtanteil nur sehr gering bis gar nicht vorhanden ist. Vorne auf der Verpackung stehen meist Anmerkungen, die für die Verbraucher sehr irreführend sein können.

Ärzte sagen, dass Produkte der Lebensmittelindustrie in einem gesunden Maß nicht schädlich seien, aber wer zu viele Softdrinks, zu viel Fastfood, zu viele Fertiggerichte, zu viele Süßigkeiten etc. verspeist, hat natürlich ein erhöhtes Risiko, krank zu werden. Durch die ganzen künstlichen Aromen, Farbstoffe und Geschmacksverstärker kann es vermehrt zu Allergien und Unverträglichkeiten kommen. Die Hersteller bestimmen also, was in den Lebensmitteln drin sein darf und wie diese beworben werden, da die Politik möchte, dass sich die Lebensmittelindustrien selber kontrollieren, was eindeutig nicht funktioniert. Die Organisation Foodwatch hat es sich zur Aufgabe gemacht, auf die vielen Missstände aufmerksam zu machen, um Verbraucher aufzuklären. Informieren Sie sich ausreichend über die Herstellung Ihrer Produkte, um besser einschätzen zu können, was Sie jeden Tag zu sich nehmen.

Neben unserer Gesundheit sind auch die Tierrechte in Gefahr, da die Lebensmittelindustrie sich nicht für eine artgerechtere Haltung, geschweige denn für die Rechte von Tieren einsetzt. Die Politik fordert ständig eine artgerechtere Haltung, aber es passiert kaum etwas. Außerdem ist auch fraglich, wie „artgerecht" überhaupt definiert wird.

Natürlich sind nicht nur die Unternehmen, sondern auch die Verbraucher für die Missstände verantwortlich, da sie dies unterstützen. Hier ist die Politik gefordert, die strengere Gesetze für Unternehmen und für die Lebensmittelherstellung verabschieden sollte. Diese Gesetze sollten die Umwelt, den Tierschutz und unsere Gesundheit berücksichtigen. Diese Gesetze können bewussteres Einkaufen fördern. Preise von Fleisch, Milchprodukten und Süßigkeiten müssten steigen, während Obst, Gemüse und Getreide billiger werden müsste. Statt auf Leistung und möglichst viel Umsatz sollte auf Nachhaltigkeit geachtet werden. Nachhaltigkeit und Wirtschaft schließen sich auch gar nicht wechselseitig aus. Denn nur wer langfristig denkt (nachhaltig), wird auch langfristige Erfolge erzielen.

In den 1990er Jahren wurde deshalb das „Drei-Säulen-Modell" entwickelt, damit Unternehmen Ökologie, Wirtschaft und Soziales miteinander vereinen können. Alle drei Säulen sind gleichgewichtig zu betrachten. Die These lautet, dass nachhaltige Fortschritte nur entstehen können, wenn man sich im gleichen Maße für die Umwelt und für Soziales und die Wirtschaft einsetzt.

Die Säule der Ökologie soll die Umwelt schonen. Der Staat und die Unternehmen sollen sparsam mit Ressourcen wie Wasser und Energien umgehen. Die Treibhausgasemissionen sollen so gering wie möglich gehalten werden, sowohl wegen der Umwelt als auch für die Gesundheit der Bevölkerung.

Die Säule der sozialen Nachhaltigkeit berücksichtigt vor allem die Würde des Menschen. Für Produkte dürfen keine Menschen ausgebeutet werden, wie dies bei Kinder-

oder Zwangsarbeit der Fall ist. Diese Säule soll eine faire Bezahlung sorgen und bessere Arbeitsbedingungen schaffen.

Die letzte Säule, die ökonomische Nachhaltigkeit, soll ein gutes Wirtschaften fördern. Die Gewinne sollen in mehr Mitarbeiter, gute Fortbildungen, modernere Maschinen und eine nachhaltige Produktion investiert werden.

Insgesamt sollen die drei Säulen die Lebensqualität verbessern und den Umweltschutz vorantreiben. Momentan setzen die Unternehmen und der Staat dieses Modell nicht um. Die ökonomische Perspektive spielt in der westlichen Welt immer noch die größte Rolle, weil viele Menschen einfach nicht bereit sind, aus ihrer Komfortzone herauszutreten und ihr Unternehmen nachhaltiger zu gestalten. Ein weiterer Kritikpunkt des Säulen-Modells ist tatsächlich, die Säulen gleichgewichtig zu werten.

Das Modell sagt nämlich aus: Wenn die Wirtschaft gerade gut läuft (Ökonomie-Säule), dann darf die Umwelt in dem Moment vernachlässigt werden. Das ist der Grund, weshalb man dies auch als schwache Nachhaltigkeits-Säule bezeichnet, da die natürlichen Ressourcen durch das erwirtschaftete Kapital wieder ausgeglichen werden. Denn hier zählt nur der Gesamtwohlstand. Deshalb würde es nach diesem Prinzip keine Rolle spielen, wenn Teile der Natur zerstört werden.

Das Ziel sollte eine starke Nachhaltigkeit sein. Die Säulen der Ökologie und der sozialen Nachhaltigkeit sollten deshalb höher gewertet werden als die ökonomische Säule. Zu Beginn scheinen die Ausgaben höher zu sein, aber langfristig zahlt sich dies wieder aus.

MASSENTIERHALTUNG – WIE ALLES BEGANN

Die Massentierhaltung, so wie wir sie heute kennen, hat ihren Ursprung im 20. Jahrhundert in den USA. Die Bauern hatten es damals schwer, der immer weiter wachsenden Bevölkerung ausreichend Lebensmittel zu liefern. Die hohen Preise und die Lebensmittelknappheit führten im Jahre 1910 zu einem Fleischboykott. Eine der ersten Fabriken, die der Massentierhaltung ähnlich war, war das Broiler House. Der Bauer Cecile Steele gehörte zu den ersten Bauern, die extra nur Hühner für die Fleischproduktion züchtete und selektierte. Die eine Gruppe von Hühnern züchtete er so, dass sie mehr Eier legten, während er die andere Gruppe von Hühnern mit einer extrem großen Brust züchtete, sodass diese sich kaum bewegen konnten. Die erste Herde von Steele umfasste im Jahr 1923 500 Hühner. Doch die Nachfrage war hoch, weshalb der Bauer drei Jahre später schon 10.000 Hühner pro Herde besaß.

In den nächsten Jahrzehnten erfuhr die Massentierhaltung einen enormen Boom. Während im Jahr 1940 noch 17 Prozent der amerikanischen Bevölkerung in der Landwirtschaft tätig waren, waren es im Jahr 2016 nur noch 1,5 Prozent. Nach und nach gab es immer weniger Bauern oder kleinere Farmen. Es entwickelte sich eine ganze Industrie, die Fleischwaren herstellte. Um Krankheiten vorzubeugen, wurden Antibiotika verabreicht. Somit konnte man Tiere auf engstem Raum halten. Fühlende Tiere wurden wie Maschinen behandelt und ausgebeutet. In den USA befinden sich mittlerweile 99 Prozent der Nutztiere in der Massentierhaltung. Weltweit sind es 90 Prozent. Neben dem Tierleid werden auch die Böden und das Wasser verseucht. Menschen, die in der Nähe dieser Fabriken leben, bekommen öfters Asthma. Die Massentierhaltung produziert mehr CO2 als der gesamte Auto- und Flugverkehr zusammen.

Die Tiere leben meist in so engen Käfigen, dass sie sich kaum bewegen geschweige denn umdrehen können. Kühe und Hühner leiden unheimliche Schmerzen, weil sie für die Milch- und Eiproduktion ausgebeutet werden.

Der Einsatz von Antibiotika wird langfristig zu einer Antibiotikaresistenz führen. Das bedeutet, dass die Menschen neue Krankheiten mit Medikamenten nicht mehr heilen können. Der Konsum tierischer Produkte aus der Massentierhaltung führt auch zu einigen Krankheiten und Lebensmittelvergiftungen, wie solche, die durch E.coli oder Salmonellen hervorgerufen werden.

Immer mehr Menschen beginnen den Ernst der Lage zu erkennen. Zwischen den 1980er und 2000er bildeten sich Organisationen, die sich für Tierrechte und Umweltschutz einsetzten, um die Massentierhaltung zu beenden. In den letzten Jahren gab es viele Aktionen und Kampagnen zum Thema vegane Ernährung. Aktivisten und Aktivistinnen verbreiten viele Informationen über Ernährung, Gesundheit und Missstände, um Menschen aufzuklären, damit wir langfristig auf vegane oder vegetarische Ernährung umsteigen können oder wenigstens einige ihren Fleischkonsum reduzieren.

Denn so, wie Fleisch heute hergestellt wird, ist nichts mehr Natürliches daran. Die Tiere werden für die Fleisch-, Ei- und Milchindustrie genetisch designt. Die ursprünglichen Arten, die es früher auf Bauernhöfen gab, gibt es heute gar nicht mehr. Die heutigen Legehennen legen etwa 300 Eier im Jahr. Dies ist doppelt so viel wie früher. Nach einem Jahr endet ihr Leben schon, da sie körperlich sehr erschöpft sind und deshalb aus der Eiproduktion entsorgt und geschlachtet werden. Die Kükenproduktion endet für männliche Küken sehr grausam, da sie aussortiert und geschreddert werden.

Denn männliche Küken legen keine Eier und sind deshalb unbrauchbar. Hühner in Legebatterien werden doppelt so schwer wie freilaufende Hühner auf Bauernhöfen. Die Wachstumsrate konnte pro Tag um 400 Prozent gesteigert werden. Nach 5 bis 6 Wochen landet das Hühnchen bei uns auf den Tellern. Ungefähr vier Prozent der

Hühner sterben vor der Schlachtung unter krampfhaften Zuckungen und etwa fünf Prozent an zu hohen Wasseransammlungen in den Bauchhöhlen. Etwa drei Viertel der Tiere haben permanent Schmerzen beim Gehen.

Die Produktivität der „Ware" steht an erster Stelle, weshalb sehr viele Nutztiere im Freien gar nicht mehr leben können, weil sie so überzüchtet wurden, dass sie nicht mehr laufen können und die typischen Eigenschaften verlieren, wie zum Beispiel Vögel das Fliegen. Zwischen den Jahren 1820 und 1920 haben erst einmal die Bauern die Produktivität verdoppelt. Das gleiche geschah in den Jahren 1950 und 1965 und zwischen 1965 und 1975.

Mit dem einzigen Unterschied, das keine 100 Jahre dazwischen liegen, sondern lediglich 10 bis 15 Jahre. Die Entwickelung vom Bauernhof zum Schlachthof kann als Entfremdungsprozess angesehen werden. Einen Bauernhof konnte jeder besuchen. Es gab nichts zu verheimlichen, doch die Schlachthäuser werden streng bewacht. Diese darf man nicht betreten und besichtigen. Auch vermeintliche Bauern kann man nicht mehr als solche bezeichnen. Nach dem Ende des Zweiten Weltkriegs konnte ein Bauer ca. 15 Menschen versorgen, während es heute schon über 100 Menschen sind.

Eine Anekdote, die jedoch nicht zu 100 Prozent belegt ist, besagt, dass bei einer Besichtigung des ersten großen Schlachthofes in Chicago Henry Ford auf die Idee kam, dort ein Fließband einzuführen. Nun wurden dort Lebewesen das erste mal wie Gegenstände behandelt. In den letzten Jahrzehnten sind die Preise für Häuser und Autos um 1000 Prozent gestiegen, während Fleisch, Eier und Milchprodukte immer günstiger wurden. Mittlerweile möchte jeder die modernste Technik haben, spart auf Urlaube, teure Autos etc., aber bei der Nahrung wird gespart und möglichst wenig Geld ausgegeben.

Neben den schlimmen Umweltfaktoren und dem Tierleid ist die Massentierhaltung auch für zahlreiche Epidemien verantwortlich. Während der spanischen Grippe 1918, die bewiesenermaßen eine Art Vogelgrippe war, sind mehr Menschen gestorben als während des Ersten Weltkriegs. In den folgenden Jahrzehnten gab es immer wieder Epidemien und Pandemien, die von Geflügel oder Schweinen ausging.

Doch warum hat die Massentierhaltung so eine Macht? Die Antwort ist einfach: Weil wir als Verbraucher der Massentierhaltungsindustrie die Macht geben. Indem wir billige tierische Produkte kaufen, unterstützen wir dieses System.

Info – Massentierhaltung heute:
Laut Studien des statistischen Bundesamtes liefert die Massen-tierhaltung 98 Prozent des Fleisches. Von 55 Millionen Schweinen kommen 99,3 Prozent aus der Massentierhaltung, bei 3,8 Millionen Rindern und Kälber etwa 95,7 Prozent und bei Geflügel sind es 97,9 Prozent. Dabei steht im deutschen Grundgesetz, dass Tiere angemessen ernährt, gepflegt und artgerecht untergebracht und ihnen kein vermeidbares Leid zugefügt werden sollte. All dies missachten die Leiter der Massentierhaltung. Und der Staat schaut meist weg, wenn es um Tierleid und Umweltverschmutzung geht.

Billige Produktion, billiges Fleisch

Warum kostet ein Hamburger bei McDonalds nur einen Euro? Und eine Packung Fleisch im Supermarkt ist auch sehr günstig. Doch dieser Preis ist nicht normal. Die Hersteller können ihre Produkte nur so günstig verkaufen, weil die Produktion sehr billig und auf Massenware ausgerichtet ist. Es geht nur noch um Quantität, aber nicht um Qualität.

Unser Fleisch ist auch nur auf den ersten Blick so günstig. Die Verbraucher zahlen dreifach dafür. Nicht nur an der Kasse im Supermarkt, sondern auch die Steuergelder für hohe Agrarsubventionen der Tierhaltung und die Arbeit der Wasserwerke, die versuchen, das Nitrat aus dem Trinkwasser zu bekommen. Deshalb fordert auch das Umweltbundesamt, dass Fleisch und andere tierische Produkte mit 19 Prozent Mehrwertsteuer zu bezahlen sind, während Mehl, Getreide, Kartoffeln und Gemüse günstiger werden sollten.

WARUM EIN SCHWEINESTEAK NUR 99 CENT KOSTET

Kühe, die auf der Wiese grasen, Schweine, die sich im Schlamm suhlen und Hühner, die frei herumlaufen – all dies stellen sich einige Menschen noch gerne vor. Doch diese Szenarien gehören längst der Vergangenheit an. Die Menschen wollen nämlich immer mehr Fleisch konsumieren.

Früher gab es meistens nur ein bis zweimal die Woche Fleisch. Doch seitdem die Massentierhaltung existiert, greifen die Menschen öfters zu Steaks und Hackfleisch aus der Supermarkt-Kühltheke. In kurzer Zeit sollen möglichst viele Tiere getötet werden, um einen möglichst hohen Gewinn zu erzielen. Im Jahr 2016 sind allein in Deutschland 754 Millionen Tiere getötet worden.

Für den maximalen Gewinn bei der Fleischproduktion werden die Schweine total überzüchtet, damit sie schneller wachsen und stärker an Gewicht zulegen. Doch dieser Überzüchtung kann der Körper nicht standhalten und es kommt zu vielen Krankheiten. Auch die räumliche Enge und die reizarme, langweilige Umgebung führen zu Verhaltensauffälligkeiten. Nach sechs bis sieben Monaten, wenn die Tiere ein Gewicht von 110 bis 125 Kilogramm erreicht haben und sich noch im Jugendalter befinden, werden sie geschlachtet.

Vor der Schlachtung gibt es entweder eine Gasbetäubung oder eine Elektrobetäubung. Bei der Gasbetäubung werden die Tiere in eine Kammer getrieben, in der eine 90-prozentige Kohlendioxid-Konzentration vorherrscht. Diese führt zu Erstickungs- und Todesangst, da die Betäubung erst nach zweieinhalb Minuten einsetzt. Häufig kommt es auch zu Fehlbetäubungen. Bei der Elektrobetäubung greift man mit einer Betäubungszange den Kopf der Tiere und über die Hirndurchströmung werden diese elektrisch betäubt.

In großen Schlachthöfen wird die Betäubung automatisch durch einen Retrainer durchgeführt. Bei der automatischen Betäubung passiert in 3,3 Prozent der Fälle ein Fehler und in der handgeführten Betäubung in 12,5 Prozent der Fälle. Somit sind die Tiere bei vollem Bewusstsein, wenn ihre Halsschlagader aufgeschnitten wird und sie ausbluten. Nach dem Ausbluten kommen die Tiere in eine Brühanlage, in der die Haare entfernt werden. Auch hier kommt es in einem Prozent der Fälle dazu, dass das Tier wieder aus der Betäubung aufwacht und bei lebendigem Leib verbrüht wird.

Und all dies geschieht in Akkord-Arbeit. Tiere werden mehr als Objekte und nicht als Lebewesen angesehen. Deshalb darf es die Verbraucher auch nicht wundern, wenn man ein Steak für 99 Cent kaufen kann. Dies geschieht alles auf Kosten der Tiere und der billigen Arbeitskräfte.

BILLIG FLEISCH INKLUSIVE MULTIRESISTENTE KEIME

Fleischkonsum kann im schlimmsten Fall auch tödlich enden. Neben all den anderen Risiken wie Diabetes, Krebs oder Herzkreislauferkrankungen können auch antibiotikaresistent Keime im Fleisch enthalten sein. Die Tierschutzorganisation PETA hat verpacktes Fleisch aus fünf großen Discountern und Supermärkten in einem Labor testen lassen. In 65 Prozent der Fälle wurden antibiotikaresistente Keime nachgewiesen. Am schlechtesten schnitt das Geflügelfleisch mit 86 Prozent ab und bei Hackfleisch waren es 66 Prozent. Selbst Fleisch mit Qualitätssiegel war betroffen.

Ein absolut sicheres und gesundes Fleisch aus der Massentierhaltung gibt es eindeutig nicht. Auch drei von vier Bioprodukten waren betroffen. Die Bakterien im Fleisch selber lösen zwar meistens keine Infektionen aus. Die eigentliche Gefahr ist aber die Resistenzbildung gegenüber Antibiotika. Noch immer gibt es in Deutschland keine Höchstgrenze für antibiotikaresistente Bakterien in Nahrungsmitteln.

Aber auch schon sehr wenige Keime führen zu einer Resistenz im Körper. Jährlich sterben etwa 300.000 Menschen in Deutschland, weil das Antibiotika nicht mehr wirkt. Durch die unnatürliche Unterbringung in der Massentierhaltung kann es auch zu Ansteckungen mit Viren kommen, weil sich das Erbgut neu kombiniert, wie zum Beispiel bei der Schweinegrippe. Einige Wissenschaftler sind zu dem Schluss gekommen, dass durch die Massentierhaltung viele Viren und Bakterien entstehen.

Die Milch-Lüge

In unserer Kindheit wurde uns ständig eingeredet, dass Milch gesund sei und dazu beitrage, dass wir uns angemessen entwickeln können. Milchprodukte galten als hochwertige Nahrungsmittel, auf die man nicht verzichten dürfe. Doch heute sehen die wissenschaftlichen Fakten anders aus. Heute weiß man, dass Kuhmilch alles andere als gesund ist und ein Verzicht für unsere Gesundheit besser wäre.

WACHSTUMSHORMONE, AKNE UND KREBS

Mittlerweile konnte wissenschaftlich bewiesen werden, dass ein hoher Milchkonsum Krebs fördern kann. Nur etwa 2 bis 3 Prozent der Krebsfälle entstehen durch Vererbung. Die restlichen Krebserkrankungen entstehen durch Umwelteinflüsse, Stress und die falsche Ernährung. Der Mensch besitzt das sogenannte IGF-1-Hormon („Insulin-like-Growth Factor 1"= Insulin-ähnlicher Wachstumsfaktor 1). Dieses Hormon hat eine bestimmte Aufgabe in unserem Körper. Es regelt die Wachstumsgeschwindigkeit von gesunden Zellen und entsorgt die alten Zellen. Dieses Hormon ist auch in Kuhmilch enthalten, weshalb der Verzehr von Milchprodukten im Zusammenhang mit Krebs steht. Wenn wir Milchprodukte konsumieren, erhöht das IGF-1 die Teilungsgeschwindigkeit unserer Zellen und stoppt die Entsorgung alter Zellen. Beide körperlichen Vorgänge fördern Krebs. Ursprünglich ist Kuhmilch Muttermilch, also Säuglingsnahrung für Kälber. Für ein neugeborenes Kalb sind diese Wachstumshormone wichtig, da es bei einem Säugling vor allem darum geht, Zellen zu vermehren und nicht darum, welche abzubauen. Im Erwachsenenalter hingegen geht es darum, den Zellbestand zu erhalten und alte Zellen abzubauen. Normalerweise tritt das IGF-1 bei einem erwachsenen Menschen zurück. Doch wenn wir öfters Milch trinken oder andere Milchprodukte konsumieren, wird das Hormon IGF-1 weiter angeregt. Dies führt dazu, dass das Risiko einer Krebserkrankung größer wird.

Auch Akne und andere Hauterkrankungen werden mit einem hohen Milchkonsum in Verbindung gebracht. Dies bestätigten Forscher der Harvard Universität, die insgesamt 14 internationale Studien zu der Thematik ausgewertet haben.

In der westlichen Gesellschaft ist die Hautkrankheit Akne sehr weit verbreitet. Akne ist eine chronische Entzündung der Haut. Etwa 85 von 100 Jugendlichen leiden unter starken Hautunreinheiten. Meist ist sie auf hormonelle Veränderungen im Körper zurückzuführen. Doch mittlerweile konnte man feststellen, dass die Krankheit früher auftritt und auch erst später wieder verschwindet. Die Hauptursache von Akne ist neben den hormonellen Bedingungen, der Genetik und psychischen Gründen vor allem die Ernährung. In der Metastudie wurden die Angaben von 78.000 Menschen ausgewertet. Diese waren im Alter zwischen sieben und 30 Jahren. Etwa 23.000 dieser Menschen litten an Akne und die anderen 55.000 gehörten zur Kontrollgruppe. Die Forscher fanden heraus, dass die Wahrscheinlichkeit, Akne zu bekommen, schon erhöht wird, wenn man nur ein Glas Milch pro Tag trinkt. Die Genetik kann nicht die hohe Rate von 80 Prozent in den westlichen Ländern erklären. Die Ernährung, vor allem Milchprodukte, werden dafür verantwortlich gemacht. Auch hier bezieht man sich auf das IGF-1-Hormon. Die Beobachtungsstudien wurden in mehreren Ländern durchgeführt, um den Zusammenhang zwischen Milchprodukten und Akne zu untersuchen. Herauskam, dass alle Arten von Milchprodukten und Milchvarianten zu Akne führen können.

Welche Jugendlichen öfters an Akne leiden, hängt nicht mit dem Geschlecht, sondern mit dem Land zusammen. Der Milchkonsum unterscheidet sich je nach Land und ist auch abhängig von der Laktaseverträglichkeit. Diese ist bei nordeuropäischen Menschen wegen eines Gendefekts sehr hoch, bei südeuropäischen und afrikanischen Menschen geringer und in asiatischen Ländern sehr niedrig.

Wer an Akne leidet und seinen Milchkonsum oder Speisen mit einem hohen glykämischen Wert verringert, wird eine Verbesserung der Symptome erleben.

VERGLEICH ZWISCHEN MENSCHEN UND KUHMILCH

Ein weiterer Grund, weshalb es fragwürdig ist, Kuhmilch zu konsumieren, ist, dass jede Muttermilch auf das bestimmte Lebewesen abgestimmt ist. Je schneller ein Neugeborenes wachsen muss, desto proteinreicher ist die jeweilige Muttermilch. Die Kuhmilch hat 3,3 Prozent Fett, damit das Kalb in etwa 47 Tagen 100 Prozent seines Gewichts zulegen kann. Die menschliche Muttermilch weist nur einen Fettanteil von 1,2 Prozent auf und menschliche Babies verdoppeln ihr Gewicht erst nach etwa 180 Tagen. Jede Muttermilch wird also an die Bedürfnisse des Säuglings angepasst.

Ein Kalb muss schnell wachsen und einen starken Knochenbau aufweisen, aber es hat nur eine mäßige Gehirnentwicklung. Wegen des extrem schnellen Knochenwachstums benötigen Kälber vier- bis fünfmal so viel Kalzium und Eiweiß wie menschliche Säuglinge. Menschen haben eine ganz andere Ausgangssituation. Da es bei Menschen vor allem um die Entwicklung des Gehirns geht, enthält menschliche Milch doppelt so viel Zucker wieKuhmilch. Eine Ersatz-Säuglingsmilch mit Kuhmilch würde den kindlichen Darm komplett überfordern. Die Kuhmilch gelangt halbverdaut ins Blut oder ins Gewebe. Das Immunsystem des Kindes, welches noch nicht komplett ausgereift ist, bildet Antikörper gegen die Milch, was später zu Diabetes Typ-1 führen kann. Dies kann geschehen, da die Kuhmilch der körpereigenen Eiweißstruktur sehr ähnlich ist. Das Immunsystem ist verwirrt. Durch die Verwechslung der Eiweißstrukturen der Bauchspeicheldrüse kann es also zu Diabetes Typ-1 kommen.

KUHMILCH UND OSTEOPOROSE

Uns wurde immer gesagt, dass Milch vor Knochenkrankheiten, ganz besonders vor Osteoporose, schützen solle. Doch genau das Gegenteil ist der Fall. Die Länder mit den höchsten Osteoporoseraten sind auch die Länder, die am meisten Milch konsumieren. Doch wie kommt dieses Phänomen zustande? Das Kalzium, welches über die Kuhmilch in den Körper gelangt, kann wegen der

Übersäuerung durch das tierische Produkt nicht ausgeglichen werden. Obwohl Kuhmilch ein Kalziumlieferant ist, raubt Milch uns mehr Kalzium aus dem Körper.

Immer mehr Menschen wie Wissenschaftler, Ärzte, aber auch Laien, kommen zu der Erkenntnis, dass Kuhmilch nicht so gesund ist wie uns das lange Zeit eingeredet wurde. Für Milchprodukten wird auch viel Werbung gemacht. Man sieht glückliche und gesunde Erwachsene und Kinder, die mit Milch und Milchprodukten produktiv in den Tag starten. Beworben wird die Milch damit, dass in Milch viele wichtige Eiweiße und Kalzium enthalten ist. Besonders Kalzium ist für das Wachstum und für die Knochen von großer Bedeutung.

Doch nur in westlichen Ländern wie Europa oder den USA wird der Milchkonsum als so gesund angesehen. Europäische Menschen leiden an einem Gendefekt, weshalb sie meist Laktose vertragen. In asiatischen oder afrikanischen Ländern sieht dies jedoch ganz anders aus. Meist vertragen die Menschen dort keine Laktose und verzehren kaum bis keine Milchprodukte. Wenn man hier einigen Experten glauben schenkt, müssten diese Menschen aufgrund von Kalziummangel besonders häufig an Osteoporose leiden. Dies ist aber nicht der Fall. Wir müssen auch zwischen Kindern und Erwachsenen unterscheiden. Kinder können meist noch die Laktose mit dem körpereigenen Enzym Laktase verarbeiten. Je älter sie werden, desto schwieriger wird der Prozess. Die Milch als Wachstumsnahrung sollte jedoch von der eigenen Mutter stammen und nicht von einer anderen Spezies.

Es gibt immer mehr Studien über den Zusammenhang von Kuhmilch und Osteoporose. Diese Studien widersprechen den bisherigen medizinischen Ansichten. Jedoch wurde sogar schon in den 70er Jahren eine Studie mit dem Titel „Nurses health Study" an der Harvard University durchgeführt Über 12 Jahre lang wurden 78.000 Frauen untersucht und es wurde ein Zusammenhang zwischen einem hohen Milchkonsum und Osteoporose festgestellt.

In Schweden wurde eine Langzeitstudie durchgeführt. Dafür wurden 61.00 Frauen im Alter zwischen 39 und 74 untersucht und 45.000 Männer im Alter von 45 und 79 Jahre. Der Untersuchungszeitraum betrug 20 Jahre. In diesem Zeitraum sind 25.500 Menschen verstorben und 22.000 Menschen brachen sich Knochen. Die Daten zeigten, dass der Milchkonsum nicht vor Knochenbrüchen schützen kann. Auch die Sterberate zwischen hohem Milchkonsum und Sterberate war sehr eindeutig. Die Frauen, die am meisten Milch getrunken haben, sind eher gestorben (90 Prozent) als die Frauen, die keine Milch konsumiert haben. Natürlich lässt sich dies nicht nur auf den Milchkonsum beziehen. Karl Michaelsson von der Universität Uppsala fand heraus, dass der Laktosegehalt in der Milch die positive Wirkung von Kalzium schwächen kann. Ein niedriger Laktosegehalt könne hingegen schützend wirken. Auch bei Blut- und Urinuntersuchungen gab es negative Konsequenzen bezogen auf den Milchkonsum. Je höher der Konsum war, desto höher waren auch die Entzündungswerte.

Zusammenfassend lässt sich also sagen, dass ein hoher Milch-konsum Ihrer Gesundheit schaden kann. Ein geringer Milchkonsum bringt Ihnen keinen direkten Schaden, aber nützt Ihnen auch nichts. Kuhmilch ist und bleibt Säuglingsnahrung, die für Kälber bestimmt ist.

Es muss eine andere Definition von Grundnahrungsmittel her. Dafür setzt sich beispielsweise die Tierschutzorganisation PETA ein. Denn bis jetzt zählen Fleisch- und Milchprodukte zu den Grundnahrungsmitteln, die deshalb günstiger besteuert werden. Doch aus einer rein ernährungsphysiologischen Sicht handelt es sich bei diesen Produkten höchstens um Genussmittel, da der menschliche Körper weder Milch noch Fleisch benötigt. Es gibt zahlreiche pflanzliche Eiweißquellen, die unserem Körper die nötigen Proteine liefert.

WARUM KÜHE STÄNDIG MILCH GEBEN

Warum geben Kühe Milch? Was wie eine einfache Frage klingt, ist doch komplexer als wir denken. Eine GFK-Umfrage zeigt, dass etwa die Hälfte der Deutschen nicht weiß, dass eine Kuh nur dann und nur deshalb Milch gibt, weil sie ein Kind, also ein Kalb, zur Welt gebracht hat. Genau wie menschliche Frauen geben Kühe nur Milch, wenn sie ein Kind bekommen. Um die Kuhmilch verkaufen zu können, wird den Kühen ihr Kalb nach der Geburt weggenommen.

Bei der Umfrage kam heraus, dass 35,6 Prozent dachten, dass eine Kuh immer Milch gibt und 23,4 Prozent konnten die Frage gar nicht beantworten.

Doch was wäre wichtig, über die Kühe und deren Haltung zu wissen? Jede Kuh wird in den Betrieben künstlich befruchtet. Direkt nach der Geburt, wenn die Mutter ihr Kind versorgen möchte, wird ihr das Kalb abgenommen. Das Kalb darf die eigene Muttermilch nicht trinken, sondern muss eine Ersatznahrung zu sich nehmen. Außerdem wird es meist in eine kleine Kälberbox eingesperrt.

Die Tiere werden so gezüchtet, dass sie einen besonders großen Euter haben. Eine Milchkuh in Betrieben gibt etwa 50 Liter Milch am Tag, was mehr als nur unnatürlich ist. Im Jahre 1950 hat eine Kuh 3785 Liter Milch jährlich gegeben, im Jahre 2008 waren es 7879 Liter und heutzutage kann eine Hochleistungskuh schon bis zu 10.000 Liter Milch pro Jahr geben. Nach etwa fünf Jahren lässt die Leistung der Kuh nach und diese wird geschlachtet. Es kann vorkommen, dass eine Kuh, während sie geschlachtet wird, erneut schwanger ist. Für das Kalb im Mutterleib bedeutet dies den sicheren Erstickungstod.

STRESSHORMONE DURCH KINDERKLAU-UNTERDRÜCKTE BEDÜRFNISSE

Wenn Kühe in Gefangenschaft leben, werden die meisten ihrer natürlichen Bedürfnisse wie das Erkunden der Umgebung, das Galoppieren und Gehen, das Grasen und sogar die Körperpflege und das Bedürfnis, sich auszuruhen, vollständig unterdrückt. Soziale Bedürfnisse wie das Hornen oder die Mutter-Kind-Bindung werden ebenfalls unterdrückt.

Besonders die Anbindehaltung ist für die Kuh besonders grausam, da sie dadurch keines ihrer Bedürfnisse mehr ausleben kann. Normalerweise grasen Kühe bis zu 12 Stunden am Tag, während sie in der Milchindustrie den ganzen Tag in Beton-Ställen leben. Statt Gräsern und Blättern bekommen sie verarbeitetes Getreide und Soja zu essen.

72 Prozent der Milchkühe befinden sich in Laufställen und 27 Prozent in Anbindehaltung, was die soziale Aktivität völlig einschränkt. Zugang zu einer Weide in den Sommermonaten haben 42 Prozent, wobei festgestellt wurde, dass allein der Zugang zu einem Laufhof schon als Weidehaltung angegeben werden kann.

Außerdem kommt es zu Euterentzündungen, Euterverletzungen, Klauenverletzungen etc. Damit die Verletzungsgefahr unter den Milchkühen nicht so hoch ist, werden diese im Kälberalter ohne Betäubung enthornt. Wären die Räume jedoch groß genug, würden die Kühe sich nicht verletzen. Nach einem langen Transport werden die Kühe, trotz Verbot, mit einem Elektrotreiber in den Wartebereich gebracht. Für den Zutrieb zur Betäubungsanlage sind die Elektrotreiber aber weiterhin erlaubt. Auch hier kommt es bei der Betäubung in neun Prozent der Fällen zu Fehlern.

Bevor Milchkühe geschlachtet werden, werden sie mehrmals künstlich befruchtet, damit sie Milch produzieren. Nach der Geburt werden ihnen die Kälber direkt abgenommen, damit die Milch für den Verkauf genutzt werden kann. Da eine Kuh die Bindung zu ihrem Kind nicht ausleben kann, kommt es zu einer erhöhten Ausschüttung an Stresshormonen, die sowohl im Fleisch als auch in der Milch enthalten sind. Denn die Mutter-Kind-Bindung ist bei Kühen besonders hoch ausgeprägt, weshalb die Wegnahme des Kindes einer Folter gleicht.

Da die Kühe auf Hochleistung gezüchtet wurden, geben diese bis zu 12.000 Liter Milch im Jahr. Das sind etwa 20 Liter täglich. Normalerweise benötigt ein Kalb nur etwa 8 Liter am Tag. Obwohl die Milchkühe in Europa immer weiter zu nehmen, werden diese immer mehr darauf gezüchtet, noch mehr Milch zu geben. Dies bedeutet für die Kuh eine extreme Belastung. Um nur einen Liter Milch zu produzieren, muss der Euter der Kuh mit 0,5

Liter Blut durchspült werden. Zu vergleichen wäre das damit, wenn wir jeden Tag mehr als einen Marathon laufen müssten.

Was passiert mit den Kälbern? Die männlichen Kälber werden monatelang mit einer Art Mangeldiät gehalten, damit ihr Fleisch sehr blutarm, also rosa bis weiß aussieht. Nach nur ein paar Wochen ihres Lebens werden sie geschlachtet. Auch auf Biobauernhöfen wird die Mehrheit der Kälber ihren Müttern entrissen und an Kälbermastbetriebe verkauft. Sie werden dort mit eisenfreiem Futter gemästet. Dieser Mangel führt dazu, dass die Kälber sogar ihren eigenen Urin trinken. Die Eisengitter werden mit Plastik verdeckt, damit sie daran nicht lecken können. In ihren Boxen können sie sich kaum bewegen und nicht umdrehen. Im Alter von vier Monaten werden sie geschlachtet.

Was essen wir da eigentlich? - Wurst und Co unter der Lupe

Menschen, die sich schon vegan ernähren, kennen es nur zu gut: Das ausführliche Studieren der Zutatenliste, um sicher zu gehen, dass das Produkt wirklich vegan ist. Dies ist nicht immer leicht herauszufinden. Hinter bestimmten Begrifflichkeiten oder E-Nummern, die man nicht kennt, stecken oft tierische Bestandteile. Dieses Kapitel soll Sie darüber aufklären, was bestimmte Zutaten bedeuten.

SPEISEFETTE

Ob Speisefette vegan sind oder nicht, ist meist unklar, da sie pflanzlichen oder tierischen Ursprungs sein können. Speisefette werden für viele fertige Produkte verwendet, weil sie einen sehr neutralen Geschmack und Geruch haben. Dieses kann aus pflanzlichen Bestandteilen wie Früchten oder Samen hergestellt werden, aber auch aus dem Fettgewebe von Schlachttieren oder Meeresfrüchten. Chemisch wird Speisefett als eine wasserunlösliche Verbindung von Fettsäuren und Glyzerin definiert. Wenn das Speisefett nur aus einer Zutat besteht, wird es auch nach dieser Zutat benannt, wie Kokosöl oder Rindertalg.

Die pflanzlichen Speisefette werden meist auch als Fette oder Öle bezeichnet, wie Speiseöl oder Kochfett, während die tierischen Speisefette oftmals nach der Art des Schlachttiers bezeichnet werden. Auch das Wort „Fett" wird hier häufig verwendet, wie Bratfett, Backfett oder auch Talg oder Schmalz. Einige zählen auch Milchfett oder Butter zu den tierischen Speisefetten.

Das Problem bei einigen industriell hergestellten Produkten ist jedoch, dass nicht genau angegeben wird, ob das Speisefett tierisch oder pflanzlich ist. Dies ist für Veganer und Vegetarier manchmal wirklich ärgerlich.

Oftmals liest man auf der Zutatenliste den Begriff Mono- und Diglyceride von Speisefettsäuren. Was genau hat es damit auf sich? Die Mono- und Diglyceride von Speisefettsäuren tragen die E-Nummer 471 und gelten als

Emulgatoren. Bei diesem Emulgator handelt es sich um ein Abbauprodukt von Triglyceride. Oftmals wird dieser Zusatzstoff in Brot oder anderen Backwaren verwendet, findet sich jedoch auch in zahlreichen Fertigprodukten wieder. Überwiegend hat dieser Emulgator pflanzlichen Ursprung, aber manchmal werden auch tierische Fette für die Herstellung genutzt. Auch hier schreiben die Hersteller meist nicht drauf, ob dieses Produkt für Veganer und Vegetarier geeignet ist.

Besonders oft sind Mono- und Diglyceride in Wurstwaren, Sahne, Schokolade, Schnellkochreis, Backware und in Konfitüre enthalten. Dieser E-Stoff ist auch für die Säuglingsanfangsnahrung und für Kosmetik zugelassen. Wenn dieser Emulgator pflanzlich hergestellt wird, besteht er meist aus Sojabohnen. Allerdings werden hier häufig genetisch manipulierte Pflanzen verwendet, die aus den USA oder Argentinien stammen. Auch Produkte, die als gentechnikfrei gelten, benutzen Emulgatoren, für die genverändertes Soja verwendet wurde. Wenn genveränderte Produkte in Zusatzstoffen vorkommen, ist rechtlich nicht ganz klar, ob man dies überhaupt kennzeichnen muss.

Wer also keine genveränderten Produkte konsumieren möchte, sollte Produkte mit diesem Emulgator vermeiden. Und Veganer und Vegetarier müssen sich genauer informieren, ob dieses Produkt rein pflanzlich ist oder nicht.

E-NUMMERN

Neben den Mono- und Diglyceriden von Speisefettsäuren gibt es noch zahlreiche andere E-Nummern, die tierische Inhaltsstoffe enthalten oder enthalten können. Hier bekommen Sie einen kleinen Überblick über die häufigsten E-Nummern, die kritisch sind. E-Stoffe sind vor allem in vielen Fertiggerichten enthalten. Die Hersteller müssen die größte Menge der Stoffe ganz am Anfang der Zutatenliste angeben und die geringste Menge ganz am Ende der Zutatenliste.

Bei E-Nummern handelt es sich in den meisten Fällen um Konservierungsstoffe. Wenn Sie sich bewusst ernähren wollen, sollten Sie genau auf die Zutatenliste achten. Besonders für Allergiker ist es wichtig zu wissen, was sich hinter einer E-Nummer befindet. Viele Säfte sind auch gar nicht frisch, sondern enthalten Konzentrate. Und einige Konzentrate werden aus Gelatine hergestellt. Oder besteht die Süßigkeit aus Farbstoffen? Ist das Bier nach dem Reinheitsgebot gebraut worden? Was genau ist im Fertiggericht drin? Tierische Fette und Inhaltsstoffe wie Surimi (Krebsfleischimitate)? Enthalten die Chips Geschmacksverstärker?

Wenn Sie diese Fragen beantworten wollen, sollten Sie sich mit den Bestandteilen der E-Nummern gut auseinandersetzen. Doch was genau sind E-Nummern? Das E steht hier für Europa. Es handelt sich um Stoffe, die in Europa oder auch weltweit zugelassen sind. Im Jahr 1993 gab es in Deutschland nur 265 E-Stoffe. Durch die EU wurden auch in Deutschland mehr Stoffe zugelassen und die Zahl stieg auf 320. Wer auf Nahrung mit E-Stoffen verzichten möchte, kann auf Bio-Produkte zurückgreifen. Hersteller von Bio-Produkten dürfen höchstens 44 harmlose Zutaten verwenden, während Zusatzstoffe und Gentechnik komplett verboten sind. In bestimmten Lebensmitteln dürfen per Gesetz auch keine Zusatzstoffe enthalten sein. Dazu zählen Produkte wie natürliches Mineralwasser, Babynahrung, Naturjoghurt, reiner Quark, reine Buttermilch und H-Milch.

Da immer mehr Menschen auf E-Stoffe verzichten möchten, werben Hersteller oft auf ihren Produkten damit, dass diese ohne Geschmacks-verstärker oder andere Zusatzstoffe hergestellt wurden. Doch oft handelt es sich dabei um Verbrauchertäuschung, da auf der Zutatenliste trotzdem E-Stoffe enthalten sind, die einfach nur anders genannt werden. Geschmacksverstärker, auch Glutamat genannt, können sich in folgenden Produkten verbergen: Würze, Hefeextrakt, Sojaprotein-hydrolysat, Sojasoßenpulver, Sojasoße oder Maisproteinhydrolysat. Auch künstliche Konservierungsstoffe können sich in zahlreichen anderen Zutaten wiederfinden wie in Essigsäure (E260), in Frucht- und Gewürzextrakten, in Senfsaat oder in Buthylhydroxyanisol (E320).

Unabhängig davon, ob die E-Stoffe nun tierisch sind oder nicht, wie unbedenklich sind diese für unsere Gesundheit? Bevor ein Stoff überhaupt zugelassen wird,

wird dieser an Tieren getestet. Es soll untersucht werden, wie viel ein Mensch davon essen kann und ob Menschen den Stoff überhaupt vertragen. Doch wer aus moralischen Gründen keine Produkte konsumiert, die an Tieren getestet wurden, sollte generell darauf verzichten. Auch aus einem rein wissenschaft-lichen Aspekt machen Tierversuche keinen Sinn, da sich die meisten Ergebnisse nicht auf den Menschen übertragen lassen.

Die Forscher geben den sogenannten ADI (acceptable daily intake) an. Dies ist der Wert des Stoffes in Milligramm pro Kilogramm Körpergewicht des Menschen, der als akzeptabel eingestuft wird. Ob ein Mensch gut darauf reagiert oder nicht, lässt sich jedoch nicht so einfach bestimmen, da dies von vielen Faktoren abhängt. Wenn Kinder zum Beispiel viele Süßigkeiten essen, kann der Wert schnell überschritten werden. Außerdem kommen unterschiedliche Experten zu verschie-denen Ergebnissen, ob die E-Stoffe nun unbedenklich sind oder nicht. Deshalb sollte man den Konsum, wenn möglich, stark reduzieren.

Was sagt die Verbraucherzentrale dazu? Etwa 160 E-Nummern werden als gesundheitlich unbedenklich eingestuft. Bei etwa 78 E-Nummern müssen besonders Allergiker, Asthmatiker und Menschen mit anderen Krankheiten oder Lebensmittelunverträglichkeiten aufpassen. Bei etwa 107 E-Nummern wird mit der Aufschrift „Von häufigem Verzehr ist abzuraten“ gewarnt. Bei einer Überschreitung der Dosis kann es zu Durchfall kommen.

Nicht jedes Lebensmittel muss per Gesetz gekennzeichnet werden. Wenn ein Hersteller zum Beispiel ein Mittel für geschälte Kartoffeln benutzt, damit diese nicht braun werden oder auch bei kleinen Verpackungen muss keine Kennzeichnung angegeben werden.

Nun werden noch einige E-Stoffe vorgestellt, die für Veganer, Vegetarier, muslimische oder jüdische Menschen, die aus religiösen Gründen bestimmte tierische Produkte nicht konsumieren, kritisch sein könnten.

E-101(Riboflavin): Dieser Stoff kann Vitamin B2 aus tierischen oder synthetischen Produkten gewinnen.
E-120 (Karmin): Bei diesem E-Stoff handelt es sich um einen Naturfarbstoff. Dieser wird aus roten Schildläusen gewonnen, um roten Farbstoff herstellen zu können.
E-132 (Indigokarmin): Auch dieser Farbstoff hat meistens einen tierischen Ursprung.
E-163 (Anthocyane): Der Stoff ist oft in Weinen enthalten und wird aus Gelatine oder Hühnereiweiß hergestellt.
E-322 (Lecithin): Dieser Stoff wird meist aus pflanzlichen Ölen gewonnen und als Emulgator, Antioxidationsmittel oder als Stabilisator eingesetzt. Hin und wieder wird Lecithin jedoch auch aus Hühnereidotter hergestellt.

E-631 (Dinatriumnosinat): Dies ist ein Geschmacksverstärker, der oft aus tierischen Bestandteilen hergestellt wird.
E-901 (Bienenwachs): Dieser Stoff wird als Trenn- und Überzugsmittel genutzt. Dazu werden Honigwaben geschmolzen.
E-904 (Schellack): Auch dieser Stoff wird als Trenn- und Überzugsmittel verwendet und aus den Ausscheidungen von Lackschildläusen verwendet.
E-1105 (Lysozym): Dieser Stoff wird als Konservierungsmittel für Käse hergestellt und besteht aus Eiklar von Hühnereiern. Manchmal wird dieser Stoff auch aus gentechnisch veränderten Organismen hergestellt.

Doch warum schmecken uns bestimmte Dinge besonders gut, wie zum Beispiel Chips? Warum können viele nach einer Handvoll Chips nicht aufhören und haben das Gefühl, sie bräuchten mehr davon? Mittlerweile sind viele Menschen an künstliche Aromen und Geschmacksverstärker gewöhnt. Viele haben das Gefühl, dass ein Erdbeerjoghurt besser schmeckt als die Frucht selbst. Hersteller dosieren oftmals die Aromen zu hoch, damit sich der Verbraucher an den Geschmack gewöhnt. Momentan existieren knapp 2700 Aromastoffe. Ein Gramm davon wird für ein Kilogramm Lebensmittel verwendet. Den Herstellern ist es zudem auch erlaubt, bis zu 20 Prozent weitere Geschmacksverstärker zu verwenden. Laut Gesetz müssen die Aromen nicht zusätzlich gekennzeichnet werden, weshalb die Hersteller so die Kennzeichnung von Konservierungsstoffen umgehen können. Vor allem in Backwaren werden häufig Aromen mit Alkoholgehalt eingesetzt, was besonders für Alkoholiker oder Kinder gefährlich sein kann.

Ein einzelnes Aroma kann 50 bis 150 Bestandteile enthalten. Wer zu viele Aromen konsumiert, verliert irgendwann das natürliche Geschmacksempfinden, fühlt sich eher zu künstlichen Lebensmitteln hingezogen und findet keinen Geschmack mehr an natürlichen Produkten. Die Aromen können auch ein Grund für Übergewicht sein, da die Menschen dazu neigen, mehr davon zu essen. Vor allem für Kinder und Jugendliche kann dies verheerende Folgen haben.

Was können Sie tun, um weniger Aromen und andere E-Stoffe zu konsumieren?

1. Greifen Sie zu Naturjoghurt oder zu ungesüßtem Sojajoghurt anstatt zu Fruchtjoghurt. Denn dieser besteht mehr aus Aromen als aus echten Früchten. Bereiten Sie sich Natur- oder Sojajoghurt selber mit frischem Obst und Haferflocken zu.
2. Trinken Sie frisch gepressten Saft anstatt Saft aus Konzentraten oder Limonade.
3. Kochen Sie öfters mit frischen Zutaten anstatt Fertiggerichte zu kaufen. Bereiten Sie selber einen Kartoffel-

brei oder einen Eintopf vor anstatt Tüten oder Dosen zu konsumieren.

4. Studieren Sie die Zutatenliste der Lebensmittel. Wenigstens Ihre Hauptmahlzeiten wie Frühstück, Mittagessen und Abendbrot sollten keine künstlichen Geschmacksverstärker und Aromen enthalten.
5. Verzichten Sie auf gesüßte Getränke mit Süßstoffen oder zu viel Zucker.
6. Scheuen Sie sich auch nicht davor, im Restaurant oder im Café nach den Zutaten zu fragen. Dies ist Ihr gutes Recht.

GELATINE

Was genau Gelatine ist, ist vermutlich allen geläufig. Aber viele wissen nicht, in welchen Lebensmitteln Gelatine enthalten ist. In verarbeiteten Produkten wird Gelatine häufig verwendet, da diese sehr günstig ist. Sie steckt in vielen Süßigkeiten, Medikamenten, Kosmetikartikeln und wird sogar für die Herstellung von Weinen und Säften genutzt.

Gelatine besteht aus Bindegewebe von Tieren. Das Strukturprotein Kollagen wird aus dem Bindegewebe entnommen. Dieses kommt in den Sehnen, der Haut, in Knorpeln und in Knochen vor. Das organische Gewebe ist elastisch und sehr fest. Am häufigsten werden die

Schlachtabfälle von Schweinen und Rindern genommen. Etwa 80 Prozent der Speisegelatine wird in Europa aus Schweineschwarten gewonnen.

Damit man Bindegewebe gewinnen kann, muss man dieses kochen oder mit Säuren behandeln, um es wasserlöslich zu machen. In der Industrie wird meist mit Säuren gearbeitet. Die Schlachtabfälle werden zerkleinert und in eine säurehaltige Mischung geworfen, damit sich die Kollagene lösen. Das Fett und die Fasern werden durch Wärme abgelöst und andere Nährstoffe gefiltert. Die Gelatinemasse wird nun getrocknet und sterilisiert. Nachdem sie ausgekühlt ist, wird sie weiterverarbeitet, damit die Hersteller diese für Lebensmittel nutzen können.

Vor allem für Gummibärchen und andere Fruchtgummis sowie auch für Wackelpudding und andere Quark- und Joghurtsorten wird Gelatine verwendet. In einigen Light-Produkten, die weniger Fett enthalten, wird meist auch Gelatine hinzugefügt, um die Konsistenz wieder dicker zu machen.

Auch in vielen Gebäcksorten wie Kuchen und Keksen kommt Gelatine zum Einsatz, um diese haltbarer zu machen. Um Säfte und Weine zu klären, dient Gelatine als Hilfsmittel. Das Tückische daran ist, dass dies nicht angegeben werden muss, weil die Gelatine streng genommen keine Zutat, sondern „nur“ ein Hilfsmittel ist.

Für Medikamente wird Gelatine oft als Überzugsmittel verwendet, beispielsweise in Kapseln. Auch in einigen Shampoos, vielen Cremes und auch in Gesichtsmasken und weiteren Kosmetikprodukten kann Gelatine enthalten sein. Die Gelatine wird so vielseitig eingesetzt, weil sie sehr günstig hergestellt werden kann und geschmacksneutral ist. Man kann in vielen Produkten eine andere Konsistenz herstellen.

Allerdings ist die Gelatine heutzutage nicht mehr nötig, da es eine Vielzahl an vegetarischen und veganen Alternativen gibt. Zum Beispiel gibt es Agar-Agar oder Carrageen, welches aus Algen hergestellt wird. Weitere Alternativen wären Gummiarabikum, Stärke, Guarkamehl, Pektin, Tragant und Johannisbrotmehl. Das Problem ist nur, dass Gelatine momentan immer noch günstiger ist als die veganen Alternativen.

Was können Sie tun? Achten Sie bei Getränken auf ein Vegan-Logo, um sicherzustellen, dass diese nicht mit Gelatine geklärt wurden. Und studieren Sie bei Lebensmitteln, falls kein Vegan-Logo vorhanden ist, die Zutatenliste ganz genau.

CHOLESTERIN

Cholesterin ist ein wichtiger Stoff, den wir für unsere Nerven, für Geschlechtshormone, für die Fettverbrennung usw. benötigen, jedoch wird Cholesterin im Körper produziert und wir brauchen es nicht durch Nahrung zu uns zu nehmen. Im Überfluss durch Tierprodukte wirkt es sogar schädlich auf unseren Körper. Campbell, der das Buch „China Study" verfasst hat, sagt: „Nahrung zu essen, deren Cholesteringehalt über 0 mg liegt, ist ungesund."

Durch Fleisch, Fisch, Milch, Eier und Fett steigt der Cholesterinspiegel nämlich stark an, wodurch das Risiko aller Zivilisationskrankheiten stark zunimmt. Pflanzliches Protein ist gesünder, da wir einen erhöhten Cholesterinspiegel somit vermeiden.

Auch Wissenschaftler an der Universität Oxford haben im Jahr 2014 eine Studie durchgeführt, die zeigt, dass eine vegane Ernährung im Vergleich zu einer vegetarischen Ernährung und einer Ernährung mit Fleisch und Fisch zu besseren Cholesterinwerten führt. In der Studie wurde aus der Serumkonzentration im Blut der Probanden das gute Cholesterin und das schlechte Cholesterin voneinander unterschieden. Insgesamt gab es 422 Veganer, 423 Vegetarier, 425 Fischesser und 424 Fleischesser.

Die Ergebnisse sahen folgendermaßen aus: Die vegan lebenden Personen hatten den geringsten BMI, nahmen am meisten ungesättigte Fettsäuren auf (gutes Cholesterin) und gleichzeitig nahmen sie am wenigsten gesättigte Fettsäuren (schlechtes Cholesterin) auf.

Diese Studie kommt zu dem Ergebnis, dass eine vegane Ernährung zu besseren Blutwerten führt. Dies führt wiederum dazu, dass vegan lebende Menschen seltener Herzinfarkte bekommen.

MILCHSÄURE

Den Begriff „Milchsäure“ liest man auf einigen Verpackungen. Besonders Menschen, die noch nicht lange vegan leben, wissen nicht genau, ob die Milchsäure nun vegan ist oder nicht, weil im Namen das Wort „Milch“ steckt. Gerade in Produkten, die eigentlich keine Milch enthalten, wie Bier, Tomatensaft oder Sauerkraut, ist Milchsäure enthalten. Die Milchsäure wird als ein natürliches Konservierungsmittel genutzt, um Lebensmittel länger haltbar zu machen bzw. Bakterien abzutöten. Dies ist der Grund, warum ein Sauerteigbrot länger haltbar ist als ein Hefebrot, da im ersteren Milchsäure enthalten ist.

Milchsäure ist jedoch in den meisten Fällen vegan und gehört in die Gruppe der Hydroxycarbonsäure. Zu dieser Gruppe zählt auch die Apfelsäure und die Zitronensäure. In Milchsäure ist das Wort „Milch“ nur deshalb enthalten, weil diese Säure im Jahr 1780 in saurer Milch nachgewiesen wurde. Diese Säure entsteht, wenn Zucker und Stärke in den Lebensmitteln zu gären beginnen. Dieser Vorgang wird auch als Fermentierung bezeichnet. Wenn Sie zum Beispiel Sauerkraut einfach stehen lassen, fermentiert dieses ganz von alleine, weil es von Natur aus Milchsäure enthält. In anderen Lebensmitteln wird die Milchsäure fast immer aus pflanzlichen Lebensmitteln hergestellt, weil Glucose in der Herstellung billiger ist.

Aber Vorsicht – einige Produkte enthalten auch Milchsäure aus tierischen Bestandteilen, wie zum Beispiel Joghurt oder Molke. Diese Produkte sind aufgrund der Milch aber ohnehin nicht vegan. Wenn Sie auf der sicheren Seite sein wollen, kaufen Sie nur Produkte, die als vegan gekennzeichnet wurden.

Gerade für Veganer sind Produkte wie Sauerkraut, die Milchsäure enthalten, sehr gesund und wichtig, da sie natürliches Vitamin-B12 enthalten. Greifen Sie also öfters mal zu Produkten, in denen Milchsäure enthalten ist.

ZUSAMMENHANG PANIKATTACKEN UND MASSENTIERHALTUNG

Die Tiere, die geschlachtet werden, müssen mitansehen, wie ihre Artgenossen maschinell ermordet werden. Dieser Anblick versetzt sie in Todesangst. Diese Todesangst zeigt sich durch Herzklopfen, Schweißausbrüche und so großem Stress, dass der Organismus unglaublich viele Stresshormone freisetzt. Wörtlich kann man sagen, dass die Hormone ihnen in „Fleisch und Blut" übergehen.

Da die geschlachteten Tiere auch Säugetiere sind, weisen wir dieselben Hormone und Neurotransmitter auf. Wenn wir also deren Fleisch essen, nehmen wir genau dieselben Neurotransmitter wie etwa Adrenalin auf. Wir essen also, mit ihrem Fleisch, die Angsthormone mit. Die Todesangst wird quasi mit verspeist. Dies könnte der

Grund sein, warum unsere Vorfahren das Fleisch besser vertragen haben als wir. Früher wurden Tiere gejagt, weshalb sie allerhöchstens ein paar Sekunden Todesangst hatten. Außerdem lebten Tiere damals noch in ihrer natürlichen Umgebung.

Bruce Lipton, ein Biologe, forscht zum Thema Zellbewusstsein. Seine Forschungen belegen, wie sehr wir das Bewusstsein der Genetik bzw. der Zellen immer unterschätzt haben. Auch Zellen machen bestimmte Bewusstseinsentwicklungen durch. Dies geschieht mit den Zellen der Tiere, die all die Grausamkeiten der Massentierhaltung durchlebt haben. Der Verzehr von diesem Fleisch ist sehr ungesund. Ein zu hoher Konsum kann deshalb zu Angstzuständen und Panikattacken führen.

Leistungssteigerung im Sport – Vegan macht es möglich

Sie denken jetzt bestimmt: Vegane Ernährung und Muskelaufbau – ist das möglich? Die Antwort lautet Ja! Sie können mithilfe der veganen Ernährung Ihr Sportprogramm durchziehen. Es gibt mittlerweile so viele Leistungssportler, die sich vegan ernähren und die der Überzeugung sind, dass ihre Ernährungsumstellung dabei geholfen hat. Das Vorurteil ist also ungültig, dass Veganer total kraftlos sind. Zum Beispiel Gerlinde Kaltenbrunner hat sich rein pflanzlich ernährt. Und sie schaffte es als erste Frau, alle 14 Achttausender ohne zusätzlichen Sauerstoff zu besteigen. Auch Patrik Baboumian lebt vegan, der als stärkster Mann Deutschlands gilt.

STRONG MAN PATRICK BABOUMIAN

Patrik Baboumian wurde am 1. Juli 1979 im Iran geboren und lebt seit 1986 in Potsdam. Bekannt wurde er als Kraftsportler und Sachbuchautor. Im August 2011 gewann er die Strongman-Meisterschaft und gilt seitdem als stärkster Mann Deutschlands. Das besondere an ihm ist, dass er sich rein vegan ernährt. Er begann im Alter von 15 Jahren mit dem Kraftsport. Seit 2005 ernährt er sich vegetarisch und seit 2011 komplett vegan. Im November 2011 unterstützte er auch die Organisation PETA bei einer Kampagne.

Bei einer Größe von 1,71 Meter wiegt er 116 Kilogramm, welches hauptsächlich Muskelmasse ist. Sein Oberarmumfang beträgt 50 cm. Beim Kreuzheben schaffte er 360 Kilogramm, beim Bankdrücken 215 und bei den Kniebeugen 310 Kilogramm.

Er wuchs als Halbwaise auf. Seine Mutter war im Iran eine sehr bekannte Leichtathletin, weshalb auch er eine Vorliebe für Sport entwickelte. Er studierte in Marburg aber erst einmal Psychologie. Im Jahr 1998 nahm er das erste Mal an einem Bodybuilding- Wettbewerb teil und wurde direkt hessischer Meister. In den folgenden Jahren gewann er einige Titel. 2006 nahm er das erste Mal an der Strongman-Meisterschaft teil und verbesserte einen Rekord um 15 Kilogramm auf 140 Kilogramm beim Baumstemmen. Seit 2007 trägt er den Titel „stärkster Mann Deutschlands".

Aber Patrik Baboumian ist keine Ausnahme. Es gibt noch zahlreiche andere Leistungssportler, die sich rein pflanzlich ernähren. Da wäre zum Beispiel Novak Djokovic, ein serbischer Tennisspieler, der schon einige Titel gewonnen hat. Er litt an einer Glutenunverträglichkeit, weshalb er sich entschied, seine Ernährung umzustellen. Er verzichtete aber nicht nur auf Gluten, sondern auch auf tierische Produkte. In einem Interview erzählte er, dass sich seine Leistungen durch die rein pflanzliche Ernährung verbessert haben. Zudem hat er ein veganes Restaurant in Monaco eröffnet.

Auch der Formel-1 Fahrer Lewis Hamilton ernährt sich seit 2017 komplett vegan. Diese Entscheidung traf er nach einer Netflix-Dokumentation mit dem Titel „What the health", in der es um gesundheitliche Folgen von Fleischkonsum geht. Er gewann die Weltmeisterschaften 2017 und 2018. Viele denken, dass Autorennen körperlich nicht anstrengend seien. Doch tatsächlich können Fahrer bei einem Rennen etwa 3 Kilogramm ihres Körpergewichts verlieren. Hamilton beweist, dass sich vegane Ernährung und Leistungssport nicht ausschließen müssen.

Auch die Tennisspielerin Venus William begann, sich nach einer Autoimmunerkrankung vegan zu ernähren. Sie erzählte, wie die vegane Ernährung ihre Gesundheit und ihre sportlichen Fähigkeiten verbessert hat.

Es gibt noch zahlreiche andere Sportler wie Marathonläufer, Basketballspieler, Boxer etc., die sich für eine vegane Ernährung entschieden haben. Die meisten von ihnen haben dies aus gesundheitlichen Gründen getan. Die Entscheidung für eine vegane Ernährung muss also nicht immer moralischen Ursprungs sein. Besonders Sportler und Sportlerinnen merken, dass sie durch eine pflanzliche Ernährung fitter sind, mehr Leistung bringen und insgesamt gesünder leben.

DIE EIWEISS-LÜGE: VOM PUTENSTEAKS BIS MAGERQUARK

Durch eine vegane Ernährung kann der Eiweißbedarf ohne Probleme gedeckt werden. Nicht wenige behaupten, dass man nur durch tierisches Eiweiß wie durch Magerquark oder Putenfleisch Muskeln aufbauen könne. Dabei gibt es eine Vielzahl an pflanzlichen Eiweißquellen.

Eine Kombination aus dem richtigen Verhältnis von Eiweiß und Kohlenhydraten ist hier entscheidend, da pflanzliches Eiweiß oftmals auch Kohlenhydrate enthält. Soja sollte nicht die Hauptquelle an Eiweiß sein, da einige Menschen zu viel Soja nicht vertragen. Dieses sollte auch möglichst ohne Gentechnik verkauft werden. Einige Experten empfehlen auf pflanzliche Eiweißquellen wie Lupinen, Reis, Hanf oder Erbsen zurückzugreifen. Aber immer noch greifen viele Sportler, um Muskeln aufzubauen, zu Milchproteinen und magerem Fleisch.

Aber worin besteht der Unterschied zwischen tierischem und pflanzlichem Eiweiß? Ist pflanzliches oder tierisches Eiweiß besser für unseren Körper?

Im Laufe der Evolution hat tierisches Eiweiß tatsächlich dazu geführt, dass unser Gehirn in den letzten 2,5 Millionen Jahren stark gewachsen ist. Dies schließt aber nicht aus, dass das gleiche nicht mit einem pflanzlichen Eiweiß funktioniert hätte.

Da das tierische Eiweiß der Struktur unserer körpereigenen Eiweiße ähnlicher ist, kann unser Körper dies schneller resorbieren, aber die Auswirkungen auf den Muskelaufbau sind nicht wirklich vorhanden. Grundsätzlich sind in tierischen und pflanzlichen Produkten die gleichen Aminosäuren enthalten. Wir können also die Proteine aus pflanzlichen und tierischen Quellen beziehen.

Im Magen-Darm-Trakt werden die Proteine abgebaut und gelangen in den Blutkreislauf. Sie können im Körper abgebaut und später, in Mangelsituationen, wiederaufgebaut werden. Obwohl die tierischen Proteine schneller vom Körper aufgenommen werden, sind pflanzliche Proteine langfristig gesünder. Einige Studien kommen zu dem Ergebnis, dass das Reisprotein dem Molkeprotein (häufig in Shakes enthalten) sehr ähnlich ist. Außerdem gibt es zwischen Herz-Kreislauf-Erkrankungen und tierischen Proteinen einen Zusammenhang.

Wenn es also nur um die reine Zufuhr von tierischen und pflanzlichen Proteinen geht, können Sie theoretisch beides konsumieren, da der Körper beides gut aufnehmen kann.

Aber es ist ein Mythos, dass Sportler hauptsächlich tierische Produkte wie Milchproteine, Magerquark oder mageres Fleisch benötigen. Durch eine rein pflanzliche Ernährung können Sie problemlos Muskeln aufbauen. Sie müssen allerdings ein wenig mehr an pflanzlichen Proteinen essen, als Menschen, die ihre Proteine durch tierische Produkte aufnehmen.

MIKRONÄHRSTOFFE - UNSERE WELT WAR NOCH NIE SO GEMÄSTET UND GLEICHZEITIG SO MANGELERNÄHRT

Man müsste meinen, dass in einem Wohlstandsland wie Deutschland alle Nährstoffe in der Nahrung gedeckt sind. Dem ist jedoch nicht immer so. Obwohl wir so viele Produkte produzieren, sind die meisten davon nicht unbedingt gesund und gut für unseren Körper. Dieses Phänomen wird als „Hidden Hunger" (verborgener Hunger) bezeichnet und beschreibt die Mangelernährung in den Industrieländern.

In vielen Fällen kann es zu dem Hidden Hunger kommen, weil 16 Millionen Menschen in Armut leben und sich frische Lebensmittel meist nicht leisten können. Besonders schlimm ist dies für Kinder, die sich noch im Wachstum befinden. Für ihre körperliche und geistige Entwicklung benötigen sie genügend Nährstoffe. Eine Studie aus Großbritannien zeigt, dass etwa 5 Prozent der Haushalte nicht ausreichend Nahrung kaufen können. Auch eine Studie aus Brandenburg belegt, dass die Kinder alleinerziehender Eltern oder Familien mit geringem Einkommen kleiner sind als andere Kinder.

In Deutschland gibt es vor allem einen Mangel an Eisen, Calcium, Vitamin A und Vitamin D. Der Eisenmangel tritt am häufigsten auf. Das Eisen wird vom Körper genutzt, um rote Blutkörperchen herzustellen. Eisenmangel kann vor allem Frauen treffen, die gerade ihre Periode haben oder schwanger sind. Um einem Eisenmangel vorzubeugen, empfiehlt es sich, zum Beispiel bestimmte Fruchtsäfte zu trinken, in denen Eisen enthalten ist, wie der Rotbäckchensaft oder andere Vitaminsäfte.

Das Vitamin D gehört eigentlich zu den Hormonen, die der Körper selber bildet. Dieses Vitamin ist lebenswichtig. Wer einen Mangel an Vitamin D hat, kann ein geschwächtes Immunsystem, ein erhöhtes Krebsrisiko und Depressionen bekommen. Für Vitamin D müssen Sie noch nicht einmal Geld bezahlen. Gehen Sie jeden Tag für mindestens 30 Minuten an die frische Luft, um Sonne und damit Vitamin D zu tanken. Auch das Vitamin A ist sehr wichtig für das Immunsystem, aber auch für die Knochen und die Augen. Wer einen Mangel erleidet, kann eine Sehschwäche entwickeln. Besonders in Möhren und Petersilie ist besonders viel Vitamin A enthalten. Achten Sie auch darauf, genügend Calcium zu sich zu nehmen. Ein Calciummangel führt besonders oft zu Osteoporose, Knochenbrüchen und schlechten Zähnen. In vielen Pflanzendrinks ist Calcium enthalten.

Wenn jemand unter Altersarmut leidet, bedeutet dies auch in den meisten Fällen eine Nahrungsarmut und dass diese Menschen ihren Mikronährstoffbedarf nicht decken können. Dies kann zu einer erhöhten Infektanfälligkeit führen. Das Paradoxe: Mangelernährte Menschen in Deutschland sind meist übergewichtig, weil diese sich hauptsächlich von Fertiggerichten und Fast Food ernähren. Viele haben pro Tag nur ein bis drei Euro für Nahrungsmittel zur Verfügung. Auch viele Lieferdienste, die Essen an Kitas liefern, sind qualitativ sehr schlecht und können den Nährstoffbedarf von Kindern nicht decken.

Eine Mangelernährung lässt sich in zwei Kategorien einteilen, nämlich in die quantitative Mangelernährung (Unterernährung) und in die qualitative Mangelernährung (Nährstoffmangel). Von einem Nährstoffmangel sind aber nicht nur Familien betroffen, die in Armut leben. Auch Menschen, die wegen der Arbeit oder ihrem Studium wenig Zeit haben, greifen zu verarbeiteten Gerichten.

Dabei sollte der Hauptbestandteil unserer Nahrung aus natürlichen und frischen Zutaten bestehen. Der Alltag der meisten Menschen sieht jedoch anders aus. In den westlichen Ländern werden unglaublich viele Produkte gekauft, die wenig bis gar keine Nährstoffe enthalten, in denen aber viel zu viel Salz oder Zucker enthalten ist und die viele zusätzlichen chemischen Stoffe enthalten und stark verarbeitet sind. Dazu zählen Lebensmittel wie Tiefkühlpizza, Fast Food (Burger und Pommes), Süßigkeiten, Softdrinks, Chips und andere salzige Knabbereien.

Doch wie können Sie einer Mangelernährung bzw. einem „Hidden Hunger“ mit veganer Ernährung vorbeugen? Mit relativ günstigen Produkten können Sie dem Nährstoffmangel entgegenwirken. Der Hauptbestandteil Ihrer Lebensmittel sollte immer frisch sein, wie Salate, grünes und anderes Gemüse, Kartoffeln/Süßkartoffeln, Reis, Nüsse, Samen, Haferflocken, Hülsenfrüchte (Linsen, Kichererbsen, Bohnen), sämtliche Obstsorten, Avocados und Produkte aus Vollkorn.

Wenn Sie diese Lebensmitte regelmäßig konsumieren, müssen Sie sich keine Sorgen wegen eines Nährstoffmangels machen. Diese Lebensmitte enthalten viele Kohlenhydrate, Eiweiße und Fette, aber auch lebenswichtige Mineralien und Vitamine. Es besteht auch kein Problem, wenn Sie hin und wieder mal Süßigkeiten oder Fast Food essen. Dies sollte aber die Ausnahme und nicht die Regel sein. Achten Sie vor allem auch darauf, dass Sie genügend Wasser trinken und sich regelmäßig bewegen und in die Sonne gehen.

SUPPLEMENTE, VITAMIN B12 UND CO

Nicht jeder hat immer die Zeit, sich ausreichend zu ernähren und jeden Tag frisch zu kochen. Besonders Menschen, die studieren, lange arbeiten müssen oder an einer Krankheit leiden. Für diese Menschen ist es wichtig, die Vitamine zu supplementieren und Nahrungsergänzungsmittel zu sich zu nehmen. Dies trifft auch auf Menschen zu, die viel Sport treiben und eine höhere Aufnahme an Vitaminen und Mineralstoffen benötigen.

Wer vegan lebt, ist in den meisten Fällen mit Mikronährstoffen viel besser versorgt, da vegan lebende Menschen mehr Obst und Gemüse konsumieren. Besonders Vitamin C, Magnesium, Calcium und Vitamin E nehmen Veganer besonders häufig auf. Wer häufig Nüsse verzehrt, sorgt auch dafür, dass die Elastizität der Blutgefäße verbessert wird.

Hervorzuheben ist insbesondere der Verzehr von Nüssen, denn diese tragen zu einer besseren Elastizität der Blutgefäße bei. Welche Vitamine wichtig sein könnten, zu supplementieren, falls Bedarf besteht, sind Eisen, Zink, Omega-3-Fettsäuren, Vitamin B12, Vitamin D3 und Vitamin B2. Wichtig ist hier, dass Sie sich mit den Nahrungsmitteln und den Nährstoffen gut auskennen. Die genannten Vitamine können beispielsweise auch durch Sojaprodukte, Hülsenfrüchte oder Nüsse gedeckt werden.

Aber falls Sie trotz allem an einem Nährstoffmangel leiden, sollten Sie Supplemente verwenden, um Ihren Nährstoffbedarf zu decken. Besonders das Vitamin B12 wird Veganern in den meisten Fällen empfohlen, da eine Unterversorgung nach und nach zu großen Schäden führen kann.

Vitamin B12 können Sie durch angereicherte Lebensmittel wie Pflanzenmilch und Müsli oder durch Nahrungsergänzungsmittel zu sich nehmen. Normalerweise wird das Vitamin B12 von Mikroorganismen in der Erde gebildet, weshalb es in den Verdauungsorganen der Tiere zu finden ist. Da die Nutztiere mittlerweile nur noch in der Massentierhaltung gehalten werden, ist im Fleisch nur noch deshalb Vitamin B12 enthalten, weil den Tieren dies ins Futter gemischt wird.

Wer das Vitamin B12 durch pflanzliche Produkte aufnehmen möchte, sollte viel Sauerkraut oder Keimlinge verspeisen. Allerdings sollte dies nicht die einzige B12-Quelle sein, da die Gefahr besteht, dass der Körper das pflanzliche B12 nicht richtig aufnehmen kann. Das Vitamin B12 kann auch über die Mundschleimhaut aufgenommen werden, weshalb es spezielle Zahncremen gibt, die das Vitamin enthalten. Meist werden die Zahncremen aus Meeresalgen hergestellt. Algen im Allgemeinen sind auch eine gute B12-Quelle.

Ein Vitamin-B12-Präparat enthält meistens Cynacobalamin. Dies ist eine synthetische Form des Vitamins. Dieses wird vom Körper schlechter umgewandelt als ein

Präparat mit Metylocobalamin. Dieses ist jedoch ein wenig teurer. Doch beide Varianten können gut sein, wenn man sie richtig dosiert. Vorab schon einmal: Eine Überdosierung ist nicht möglich, da das Vitamin wasserlöslich ist. Das bedeutet, dass der Rest über den Urin ausgeschieden wird. Eine B12-Tablette, die etwa 500bis 1000 ug enthält, sollte von Veganern alle zwei Tage genommen werden. Dies ist ausreichend, um den Nährstoffbedarf zu decken. Wer unsicher ist, kann beim Arzt auch einen Bluttest machen lassen und sich gegebenenfalls eine Vitamin-B12-Spritze geben lassen. Somit gelangt das Vitamin schneller ins Blut. Dies ist aber nur notwendig, wenn Sie unter einem starken Mangel leiden.

Ein weiterer kritischer Nährstoff bei Veganern sind die Omega-3-Fettsäuren. Diese lassen sich in zwei verschiedene Varianten einteilen. Da gibt es einmal die kurzkettigen, die vor allem in vielen Pflanzenölen wie Walnussöl, Leinöl, Rapsöl oder Hanföl enthalten sind. Und dann gibt es die langkettigen, die überwiegend im Fisch enthalten sind. Dies ist der Grund, warum es Veganern manchmal an den langkettigen Omega-3-Fettsäuren mangelt. Auch hier empfiehlt sich ein Nahrungsergänzungsmittel, falls man dies durch die Nahrung nicht genügend aufnehmen kann.

Ein Eisenmangel kann jeden treffen, sowohl Veganer, Vegetarier als auch Fleischesser. Viel Eisen ist besonders in Innereien und Leber enthalten. Da viele Fleischesser diese aber auch nicht konsumieren, können auch sie einen

Eisenmangel bekommen. Hier sind pflanzliche Eisenquellen wie Möhren, Hülsenfrüchte oder Nüsse sinnvoller. Auch täglich ein Glas Orangensaft zu trinken, kann die Aufnahme von Eisen aus der Nahrung verbessern. Falls Sie aber oft Symptome wie Müdigkeit oder Erschöpfung verspüren, lassen Sie Ihre Werte untersuchen und nehmen Sie ein Eisenpräparat zu sich.

Auch wenn viele dies nicht denken, Calcium ist in vielen Gemüsesorten wie in Brokkoli, Spinat und auch Grünkohl enthalten. Und das Calcium im Gemüse wird sogar besser verwertet als das Calcium, welches in Kuhmilch enthalten ist. Auch viele Pflanzendrinks sind mit Calcium angereichert. Wer jedoch ein Nahrungsergänzungsmittel zu sich nehmen möchte, kann hier zu der Rotalge Lithothanium greifen, das natürliches Calcium liefert.

Zusammenfassend lässt sich sagen, dass die meisten kritischen Nährstoffe auch in vielen pflanzlichen Lebensmitteln enthalten sind und man nur in Ausnahmefällen Nahrungsergänzungsmittel benötigt. Auch die vielen Nährstoffkombinationen sind meist sehr überflüssig. Viel zu oft sind die Angaben der Dosierung viel zu hoch. Das einzige, wie Sie dem entgegenwirken können: mindestens einmal im Jahr einen Bluttest machen, um einschätzen zu können, welche Nahrungsergänzungsmittel Sie benötigen und welche nicht.

Wenn Sie Sportler sind, können Sie Supplemente aber auch zum Muskelaufbau benutzen. Der Muskelaufbau kann durch eine mangelhafte Ernährung ins Stocken geraten, weshalb Nahrungsergänzungsmittel aus Creatin, Eisen und Vitamin B12 sehr zu empfehlen sind. Obwohl pflanzliche Proteine schlechter verwertet werden können als tierische Proteine, ist es durch eine pflanzliche Ernährung möglich, Muskeln aufzubauen. Diese Aminosäuren sind besonders wichtig für den Körper: Methionin, Isoleucin, Leucin, Lysin, Theronin, Phenylalanin, Tryptophan und Valin. Da diese Aminosäure hauptsächlich in tierischen Produkten enthalten ist, sollten Sportler auf veganes Proteinpulver wie eines mit Creatin zurückgreifen.

Pflanzlich gesund

HERZ-KREISLAUF-ERKRANKUNGEN – DIE HÄUFIGSTE TODESURSACHE

In den westlichen Länder wie den USA und Westeuropa sind Herz-Kreislauf-Erkrankungen mittlerweile die häufigste Todes-ursache. Die Fachzeitschrift Journal of the American College of Cardiology veröffentlichte eine Studie, die belegt, dass die Reduzierung von rotem und verarbeitetem Fleisch das Risiko für Herz-Kreislauf-Erkrankungen und Schlaganfälle stark reduzieren kann.

Die Forscher entwarfen Protokolle über die Ernährung von 74.578 Teilnehmern und untersuchten, welche Lebensmittel, die Entzündungen förderten, konsumiert werden. Diese wurden mit Biomarkern verglichen, die mit Herzkrankheiten in Verbindung stehen. Die Teilnehmer, die am meisten verarbeitetes oder rotes Fleisch konsumiert haben, hatten ein um 38 Prozent höheres Risiko an einer Herz-Kreislauf-Erkrankung zu erkranken und ein um 28 Prozent höheres Risiko, einen Schlaganfall zu erleiden.

Eine Ernährung, die reich an Flavanolen ist (kommt im Obst vor), kann den Blutdruck senken. Dazu wurde im Scientific Reports eine Studie veröffentlicht. Die Flavanolaufnahme wurde mit anderen Biomarkern verglichen. Insgesamt gab es 25.000 Teilnehmer. Von denjenigen, die am meisten Flavanole durch die Nahrung aufgenommen haben, wurde der Blutdruck am meisten gesenkt. Auch durch den häufigen Verzehr von Hülsenfrüchten wie Erbsen, Linsen oder Bohnen können Herz-Kreislauf-Erkrankungen stark verringert und der Blutdruck gesenkt werden. Dies zeigte eine Meta-Studie, die im Advances Nutrition veröffentlicht wurde. Teilnehmer, die am meisten Hülsenfrüchte konsumierten, hatten ein um 10 Prozent geringeres Risiko an einer Herzkrankheit zu erkranken oder einen zu hohen Blutdruck zu haben.

Dies sind neuere Forschungen, aber schon im Jahr 1946 hat Lester Morrison, ein kalifornischer Arzt, belegt, dass durch eine Reduzierung von tierischen Proteinen die Lebenschance von Patienten, die einen Herzinfarkt erlitten, deutlich gesteigert wird.

Im Jahr 1948 begann die Framingham-Studie, die schon in der vierten Generation ist und bisher schon 1000 wissenschaftliche Artikel veröffentlicht hat. Sehr viele Kenntnisse, die wir heute haben, stammen aus dieser Studie. Im Jahr 1956 konnten die Forscher Lyon, Yankley und Gofman beweisen, dass Patienten, die an Herzkrankheiten litten, ein viermal geringeres Sterberisiko hatten, wenn sie weniger tierische Fette und weniger Cholesterin zu sich nehmen.

Der menschliche Organismus versucht, mikrofeine Haarrisse in den Gefäßen, die durch Stress, Bluthochdruck und Vitamin-C-Mangel entstehen, durch Proteine und Cholesterin abzudichten. Später kommt Kalk hinzu, weshalb man dies auch Arterienverkalkung nennt.

Wenn man die Todesrate der Herzkrankheiten mit verschiedenen Ländern vergleicht, ist die Todesrate in dem Land umso höher, welches den größten Anteil tierischer Produkte in der Nahrung aufweist. In den USA gibt es 700 Todesfälle pro 100.000 Einwohner, in Deutschland 300 Fälle und in Japan, wo es nur einen sehr geringen Fleischkonsum gibt, sterben nur noch 100 Menschen pro 100.000 Einwohner an Herzkrankheiten. In Papua-Neuguinea ist der Anteil sogar noch geringer, weil die Einwohner kaum bis sehr wenig tierische Produkte konsumieren.

Auch das Vitamin D ist gut für die Herzgesundheit. Dies ergab eine Studie von 2007, die zeigt, dass wir die Sonne über unsere Haut aufnehmen sollen, um Herzkrankheiten zu verringern. Aber auch durch die Nahrung, wie zum Beispiel durch Pilzgerichte, können wir Vitamin D aufnehmen. Tierische Proteine blockieren oftmals die Aufnahme von Vitamin D, weil es den menschlichen Organismus übersäuert.

WARUM MAN CALCIUM BESSER NICHT AUS MILCH KRIEGEN SOLLTE

Würde die Werbung der Milchindustrie der Wahrheit entsprechen, müssten unsere Knochen fest und stark sein. Aber besonders Oberschenkelhalsbrüche zeigen, dass unsere Knochen nicht sonderlich stabil sind. Die Länder, die am meisten Milch konsumieren, weisen auch die schlechtesten Kochen auf, weshalb es in den westlichen Ländern einen hohen Anstieg von Osteoporose gibt.

Die Übersäuerung im Körper darf bei Milchprodukten nicht unterschätzt werden. Im Jahr 1992 hat eine Studie ergeben, dass 70 Prozent aller Knochenbrüche durch tierische Produkte entstehen. Denn tierisches Eiweiß erhöht den Säuregrad des Gewebes, weshalb unser Organismus diese Säure wieder neutralisieren muss. Dazu wird das Calcium aus den Knochen verwendet. Wenn Sie also Milch trinken, die Calcium enthält, wird dies dem Körper nichts bringen, weil Milch dem Körper mehr Calcium nimmt als gibt.

LUST AUF MEHR?

Um Ihre Gesundheit zu schützen, sollten Sie die tierischen Produkte reduzieren oder sogar ganz weglassen. Doch wie können Sie sich pflanzlich gesund ernähren?

Pflanzliche Fette

Pflanzliche Fette sind besonders gesund, weil diese einen hohen Gehalt an ungesättigten Fettsäuren aufweisen. Diese mehrfach ungesättigten Fettsäuren werden für körperliche Bauprozesse eingesetzt, während die tierischen Fette aus gesättigten Fettsäuren direkt in die Fettdepots des Körpers wandern. Für den Körper ist es wichtig, essentielle Fettsäuren aufzunehmen. Denn daraus bildet der Körper Arachidonsäure, die vierfach ungesättigt ist und körpereigene Botenstoffe bildet, die die Zellmembran benötigt. Besonders pflanzliche Öle weisen einen hohen Anteil an ungesättigten Fettsäuren auf, weshalb Sie häufig Olivenöl, Leinöl, Rapsöl, Distelöl, Walnussöl oder anderer pflanzliche Öle in Ihrem Alltag konsumieren sollten.

Eine Aufnahme an genügend Linolsäure ist auch wichtig, die sich vor allem in Soja- oder Maiskeimöl befindet. Genügend Alpha-Linolensäure liefern Rapsöl und Walnussöl. Andere pflanzliche Fette wie Margarine, Kokosöl oder Palmfett weisen nur einen geringen Anteil an ungesättigten Fettsäuren auf. Achten Sie deshalb darauf, eher kaltgepresste Öle zu verwenden, da die essentiellen ungesättigten Fettsäuren höher sind als in gehärteten Fetten.

Genügend ungesättigte Fettsäuren aufzunehmen ist überlebens-notwendig, da diese den Blutfettspiegel senken und Cholesterin abbauen. Dadurch beugt man Blutgerinnsel und Herz-Kreislauf-Erkrankungen vor. Ungesättigte Fettsäuren übernehmen im Körper viele Aufgaben. Da die Verdauungsenzyme die ungesättigten Fettsäuren besser aufspalten können als die gesättigten Fettsäuren, sind die ungesättigten Fettsäuren für den Körper besser verwertbar. Ungesättigte Fettsäuren sind zum Beispiel in Avocado, Samen und Nüssen enthalten.

Mineralstoffe

Genauso wie Vitamine zählen die Mineralstoffe zu den Mikronährstoffen und sind lebensnotwendige, nicht-organische Nährstoffe, die man über die Nahrung aufnehmen muss. Allein unser Körpergewicht besteht zu drei bis vier Prozent aus Mineralstoffen. Mineralstoffe sind wasserlöslich und sollten deshalb möglichst roh verzehrt werden und nicht zu lange gelagert werden. Ansonsten kann es sein, dass wichtige Nährstoffe verloren gehen.

Es gibt die Spurenelemente und die Mengenelemente. Zu den Mengenelementen zählen:

Nährwertangaben der Nahrungsmittel der Mengenelemente (pro 100 Gramm)

- Kalium: Obst ist die beste Kaliumquelle. Vor allem Avocados weisen einen hohen Anteil auf (485 mg), aber auch Bananen (358 mg), Maracuja (348 mg), Kiwis (312 mg) und Rhabarber (288 mg). Getrocknetes Obst weist einen noch höheren Gehalt auf: Rosinen (749 mg), Datteln (730 mg) und getrocknete Aprikosen sogar 1,85 g. Auch Gemüse zählt zu den Kaliumlieferanten. Der Anteil von grünem Gemüse ist am höchsten, wie in Dill (738 mg), Thymian (609 mg), Petersilie (554 mg), Spinat (558 mg), Grünkohl (491 mg), Feldsalat (459 mg) und Rosenkohl (389 mg). Auch Kartoffeln enthalten 425 mg Kalium, welches vom Körper gut aufgenommen werden kann. Viele Nusssorten und Samen sind auch reichhaltig an Kalium. Einige davon sind Hanfsamen (1,2 g), Pistazien (1,03 g), Leinsamen (813 mg) und Kürbiskerne (809 mg). Hülsenfrüchte mit dem höchsten Kaliumanteil sind weiße Bohnen (1,8 g), Kidney-Bohnen (1,41 g) und Kichererbsen (718 mg). Von den Getreidesorten hat Roggen den höchsten Anteil mit 510 mg. Auch Pilze wie Austernseitlinge (402 mg), Champignons (318 mg) und Shiitake-Pilze (304 mg) liefern dem Körper viel Kalium.

- Calcium: Die besten Calcium-Quellen, die der Körper auch absorbieren kann, sind, wie bei Kalium, grünes Gemüse wie Basilikum (177 mg), Grünkohl (150 mg), Kresse (120 mg), Brokkoli (47 mg), Fenchel (49 mg) und Rosenkohl (42 mg). Im Bereich Samen und Nüsse haben Mohnsamen (1,44 g) einen hohen Anteil, sowie auch Pekannüsse (70 mg). Unter den Hülsenfrüchten haben Kidneybohnen (143 mg) und schwarze Bohnen (123 mg) den höchsten Anteil. Brauner Reis (33 mg) und Weizen (34 mg) haben von den Getreidesorten den höchsten Calciumanteil. In Obstsorten ist Calcium nur in sehr geringen Mengen enthalten.

- Magnesium: Die besten Magnesium-Quellen sind Nüsse, Samen und Hülsenfrüchte, wie Sojabohnen (280 mg), Erdnüsse (168 mg), Kidneybohnen (140 mg), grüne und weiße Bohnen (190 mg) und grüne Linsen (86,5 mg). Getreide, wo der Körper das Magnesium gut absorbieren kann, sind brauner Reis (143 mg) und Hirse (114 mg). Auch Buchweizenmehl (251 mg) ist sehr zu empfehlen. Auch dunkelgrünes Gemüse und Kartoffeln mit Schale enthalten Magnesium. Obstsorten, besonders Datteln (43 mg) und Bananen (27 mg), sind eine gute Magnesium-Quelle. Auch einige verarbeitete Produkte liefern Magnesium, wie Erdnussbutter (160 mg), Reiskleie (781 mg), Tofu (58 mg) und auch viele Zartbitterschokoladen sind geeignete Magnesiumlieferanten.

- Natrium: Die beste Natriumquelle ist das Tafelsalz. Dieses besteht aus Natrium und Chlorid. Ein Gramm Salz enthält 390 mg Natrium. Wer einen Teelöffel Salz (empfohlene Tagesmenge) pro Tag zu sich nimmt, würde seinen Körper mit 2,3 mg Natrium versorgen. Sehr empfehlenswert ist Meersalz, welches mit Algen zugesetzt wurde, da Algen eine natürliche Jod-Quelle sind.

- Phosphor: Phosphor kommt in einigen Getreideprodukten wie Reiskleie (1,68 g) oder Weizenkleie (1,1 g) vor. Es kommt aber auch in Nüssen wie Kürbiskernen (1,23 g) oder Sonnenblumenkernen (1,17 g) vor.
- Schwefel
- Chlorid

Zu den Spurenelementen gehören:

- Eisen: Hülsenfrüchte verfügen über den höchsten Eisenanteil, wie Sojabohnen (5,17 mg), Linsen (3,33 mg), Kichererbsen (2,89 mg), weiße Bohnen (3,7 mg) und grüne Erbsen (1,54 mg). Das Eisen in Linsen kann vom Körper am besten aufgenommen werden.

- Jod: In normalen Lebensmitteln ist der Jodanteil sehr gering, da sich das meiste Jod in Algen befindet. Der Jodgehalt in Algen liegt zwischen 16 ug bis 2984 ug pro Gramm. Für die Jodaufnahme ist jodiertes Speisesalz nicht zu empfehlen, weil es nur aus Salzabfallprodukten entsteht. Greifen Sie lieber zu Meersalz.

- Kupfer: Am meisten Kupfer enthalten Lebensmittel wie Spirulina (6,1 mg), Flohsamen (5,9 mg), Shiitake-Pilze (5,17 mg) und Sesamsamen (4,08 mg).

- Mangan: Eine hohe Menge an Mangan findet sich in Kichererbsen (21,31 mg), in Erdnüssen (1,93 mg) und in Linsen (1,39 mg). Auch alle Bohnensorten, Getreide und dunkelgrünes Gemüse haben einen hohen Mangananteil.

- Selen: Selen geht durch das Verarbeiten und Raffinieren in Lebensmitteln verloren. Deshalb sollten Sie selenhaltige Lebensmittel ungekocht und unverarbeitet essen. Die beste Selenquelle ist die Paranuss (1,92 mg). Eine Paranuss enthält 70 bis 90 ug, was dem täglichen Bedarf an Selen entspricht. Neben den Paranüssen enthalten Chia-Samen mit 55,2 ug je 100 Gramm einen sehr hohen Anteil. Auch Kokosnüsse enthalten mit 10, 1 ug einen hohen Selenanteil.

- Zink: Um eine gute Zinkversorgung zu gewährleisten, sollten Sie die Hülsenfrüchte gut einweichen und das Einweichwasser wegkippen. Reich an Zink sind rote Linsen (3,6 mg), Kichererbsen (2,76 mg), weiße Bohnen (3,67 mg) und Kidneybohnen (2,79 mg). Unverarbeitetes Getreide enthält viel Zink, sowie Pilze.

- Brom
- Cobalt
- Molybdän

Die Mineralstoffe liefen zwar keine Energie, aber sind trotzdem wichtig für den Energiestoffwechsel. Aufgaben, die Mineralstoffe im Körper übernehmen, sind: den Elektrolythaushalt aufrechtzuerhalten, den Stoffwechselprozess in Gang zu halten, die Kontraktion von Muskeln und den Herzschlag, Reizweiterleitung zwischen Nerven und Muskeln, Aktivierung von Hormonen, den Säure-Basen-Haushalt aufrecht-erhalten. Weiterhin sind Mineralstoffe Bestandteile von Knochen und Zähnen und steuern das Zellwachstum. Mineralstoffe sind in pflanzlichen Lebensmitteln enthalten. Wer viel Sport macht, sollte eine höhere Aufnahme an Mineralstoffen haben als Nicht-Sportler, da Mineralstoffe mit dem Schweiß ausgeschieden werden. Da Mineralstoffe vom Körper nicht gespeichert werden, müssen sie regelmäßig aufgenommen werden. Falls die vegane Ernährung zu einseitig sein sollte, kann es schnell zu einem Jod-, Zink-, Selen- und Calciummangel kommen. Essen Sie also ausreichende und ab-wechslungsreiche pflanzliche Kost.

Falls Ihr Körper zu wenig Mineralstoffe aufweist, kann dies lebensbedrohliche Auswirkungen haben. Aber auch gesundheitliche Einschränkungen sind möglich. Ganz allgemein kann man sagen, dass sich der Stoffwechsel verlangsamt. Aber auch eine erhöhte Zufuhr an Mineralstoffen kann sich schlecht auf den Gesundheitszustand auswirken. Nahrungsergänzungsmittel sollten immer mit Bedacht eingenommen werden. Ansonsten kann es zu schweren Magen-Darm-Beschwerden, Kreislaufproblemen oder Vergiftungen kommen.

Super Food

Der Begriff „Super Food“ bezeichnet Lebensmittel, die sich von herkömmlichen Lebensmitteln unterscheiden. Der Begriff wird oftmals von der Werbung missbraucht. Super Food bringt nicht viel, wenn dieses nur in geringen Dosen, wie beispielsweise in einem Fitnessriegel oder einem Müsli beigemischt wurde. Super Food sollte in größeren Mengen in den täglichen Speiseplan integriert werden. Doch was genau darf man als Super Food bezeichnen? Lebensmittel, die eine sehr große Menge an Nährstoffen aufweisen, Produkte, die naturbelassen und ganzheitlich sind (keine Nahrungsergänzungsmittel). Diese müssen nicht unbedingt teuer sein oder aus entfernten Ländern kommen. Auch die heimische Petersilie kann als Super Food bezeichnet werden.

1. Grünes Gemüse: Salat und grünes Gemüse steht an erster Stelle, wie Gerstengras, Brennnessel, Löwenzahnblätter, Salate, Spinat und Algen. Das grüne Gemüse gilt als eine Art Urnahrung, die fast alle Nährstoffe enthält, die die Menschen benötigen.
2. Kreuzblüter-Gemüse: Dazu zählen Kohle, wie Brokkoli, Blumenkohl, Grünkohl, Rosenkohl, Rotkohl oder Weißkohl. Jedoch auch Rucola-Salat, Senfblätter und Radieschen. Das Kreuzblütergemüse gehört zur Pflanzenstoffgruppe Glucosinolate, welches entzündungshemmend wirkt und Krebs vorbeugen kann.
3. Rohes Sauerkraut: Sauerkraut weist die Vorteile von einem Kreuzblütergemüse auf und beinhaltet darüber hinaus auch einige probiotische Kulturen. Das Kraut wirkt sich positiv auf den Verdauungsprozesses aus.

Die Probiotika im Sauerkraut töten schädliche Bakterien im Magen ab, wie die Helicobacter pylori Bakterien, die für Magengeschwüre und Magenschleimhautentzündungen verantwortlich sind. Verarbeitetes Sauerkraut aus der Dose oder der Tüte weist all die positiven Effekte nicht mehr auf. Essen Sie immer rohes Sauerkraut.

4. Shiitake-Pilze: Anstatt gezüchtete Champignons zu verspeisen, greifen Sie lieber zu Shiitake-Pilzen. Diese haben ein leckeres Aroma und können Gebärmutterhalskrebs vorbeugen.
5. Papaya: Die Papaya ist nicht nur eine Frucht, sondern ein Medikament. Papayakerne können vor Infektionen, Bakterien und Parasiten schützen. Außerdem helfen sie dabei, die Leber zu entgiften. Je unreifer sie noch ist, desto heilsamer wirkt sie. Sie wird bei Magen-Darm-Beschwerden, bei Krebserkrankungen und für die Hautpflege genutzt.
6. Traubenkerne: Greifen Sie lieber zu Weintrauben mit Kernen anstatt zu kernlosen Trauben. Trauben mit Kernen enthalten weniger Zucker und sind auch nicht so überzüchtet. Außerdem enthalten sie noch sekundäre Pflanzenstoffe. Diese sind in den Kernen zu finden. Die Kerne können das Gewebe und die Haut reparieren und wirken verjüngend. Die Kerne wirken auch gut bei Allergien und Neurodermitis. Falls Sie die Kerne nicht mögen, gibt es auch Traubenkernmehl,

welches Sie in einen Shake oder Smoothie einrühren können.

7. Beeren: Darunter zählen Beeren, die nicht ganz so genetisch verändert bzw. überzüchtet wurden. Verzichten Sie daher auf Erdbeeren und greifen Sie lieber zu Brombeeren, Himbeeren, schwarze Johannisbeeren, Heidelbeeren oder Stachelbeeren. Auch exotischere Beeren wie Goji-Beeren oder Aronia sind sehr zu empfehlen.
8. Ingwer: Ingwer können Sie in jedes Getränk wie Wasser, Tee, Shakes oder Smoothies unterrühren. Die Ingwerknolle hilft vor allem gegen Übelkeit und Magenbeschwerden und kann schmerzlindernd wirken. Ingwer wirkt auch positiv auf die Augen und kann vorbeugend gegen den grauen Star wirken. Außerdem tötet Ingwer Krebszellen ab und hilft bei Haarausfall.
9. Avocado: Das Fett der Avocado zählt zu den gesündesten Fetten überhaupt, da es vollkommen naturbelassen und rein ist. Dieses Fett erhöht nicht den Cholesterinspiegel und kann Krankheiten wie Herz-Kreislauf-Probleme, Osteoporose und Krebs vorbeugen.
10. Kurkuma: Dieses Gewürz sollte man täglich verwenden, da es ein hochwirksames Antioxidans ist und bei einigen Krebsarten helfen kann. Es hilft zudem der Zahngesundheit und kann Demenz und Alzheimer verbessern.

Vegan on a budget – Warum man mit pflanzlicher Ernährung Geld spart

Noch immer hält sich das Vorurteil hartnäckig, dass vegane Ernährung teuer sei. Wenn Sie natürlich jeden Tag Fertiggerichte und teure vegane Süßigkeiten kaufen, geben Sie tatsächlich mehr Geld aus, aber nicht, wenn sie auf eine vollwertige Ernährung achten. Für eine vollwertige Ernährung können Sie die vegane Ernährungspyramide als Orientierung nehmen. Denn eine vollwertige vegane Ernährung ist nicht nur gesund, sondern auch preiswert. Die Hauptbasis sind saisonales und regionales Gemüse, Obst, Getreideprodukte, wie Brot, Reis, Kartoffeln, Nudeln und Hülsenfrüchte sowie Linsen, Bohnen oder Kichererbsen. Sowohl in Supermärkten als auch in Bio-Läden sind diese Produkte am günstigsten.

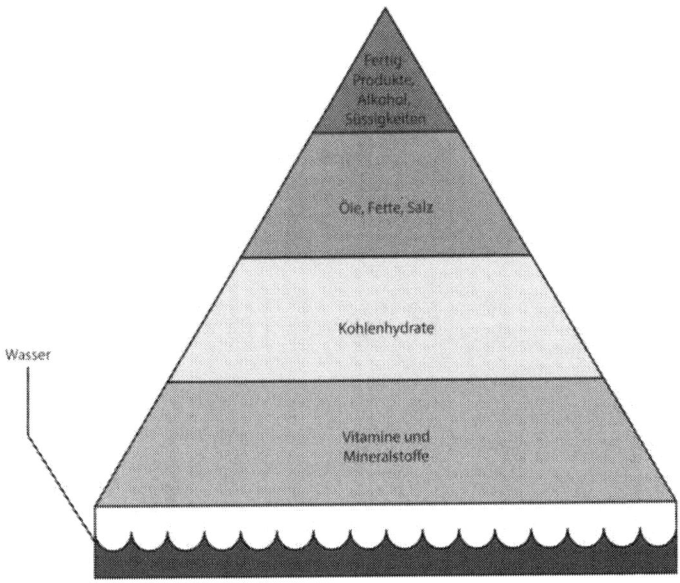

Preisgünstiger kommen Sie auch immer weg, wenn Sie selber kochen. Das hat auch den Vorteil, dass Sie wissen, was im Essen drin ist, was bei Fertiggerichten, egal ob vegan oder nicht vegan, nicht immer der Fall ist. Für ein hochwertiges, selbst gekochtes Gericht würde man im Restaurant bestimmt dreimal so viel bezahlen als wenn Sie die Zutaten selber kaufen und zubereiten. Brotaufstriche lassen sich auch gut selber zubereiten. Wie wäre es mit einer leckeren Guacamole?

Pürieren Sie dazu einfach eine Avocado mit Zitronensaft, Salz und Pfeffer. Dies können Sie so mit jedem beliebigen Gemüse oder Obst handhaben. So haben Sie jeden Tag einen frischen und günstigen Aufstrich auf Ihrem Brot. Wer sparen will, sollte natürlich auch voraus planen. Erstellen Sie sich einen Wochenplan für die Mahlzeiten. So können Sie spontanen Einkäufen vorbeugen. Kochen Sie außerdem größere Mengen von einem Gericht, wie zum Beispiel einen großen Topf Suppe. Die überschüssige Menge können Sie einfrieren und bei Bedarf genießen. Oder, wenn es bei Ihnen Kartoffeln gibt, die übrig bleiben, können Sie am nächsten Tag Bratkartoffeln zubereiten. Und aus dem restlichen Tofu aus der Verpackung können Sie am nächsten Tag Rühr-Tofu (Rührei-Ersatz) zum Frühstück zubereiten.

Achten Sie auch darauf, möglichst keine Lebensmittel wegzuwerfen. Verwerten Sie die Reste vom Vortag, kaufen Sie nur Nahrungsmittel, die Sie wirklich benötigen. Denn allein in Deutschland werden jedes Jahr Lebensmittel im Wert von 235 Euro weggeworfen. Und diese sind sogar noch in der originalen Verpackung. Lagern Sie die Lebensmittel korrekt im Kühlschrank oder im Vorratsschrank, damit diese so lange wie möglich frisch bleiben.

Doch wie genau funktioniert die optimale Lagerung? Welche Lebensmittel müssen in den Kühlschrank und welche nicht?

Brot und anderes Gebäck sollte nicht in den Kühlschrank, da es dort zu schnell vertrocknen würde. Bewahren Sie das Brot am besten in einer Papiertüte oder in einer Dose auf. Roggen- und Vollkornbrote sind länger haltbar. Es ist also sowohl gesünder als auch nachhaltiger, weniger Weizenmehl zu konsumieren. Gemüse sollte entweder in einem kühlen Raum wie zum Beispiel im Keller gelagert werden, im Winter in einer Box auf dem Balkon oder im Kühlschrank im Gemüsefach. Die Temperatur sollte etwa 10 Grad Celsius betragen. Wickeln Sie das Gemüse in Papier ein, damit es länger frisch bleibt.

Verfahren Sie genauso mit Obst. Nur Bananen sollten nicht in den Kühlschrank, um braune Flecken zu vermeiden. Bestimmte Obstsorten sollten auch getrennt voneinander aufbewahrt werden. Äpfel beispielsweise beschleunigen den Reifeprozess von anderen Obstsorten wie Bananen, Pfirsichen oder Kiwis. Lebensmittel wie Pflanzen-joghurt oder Pflanzenmilch sollten Sie unbedingt im Kühlschrank lagern. Produkte, die bald das Haltbarkeitsdatum überschreiten, sollten möglichst weit vorne gelagert werden, damit diese als erstes verbraucht werden. Der Kühlschrank weist nicht überall die gleiche Temperatur auf, weshalb Sie die oberen Fächer, die in etwa 5 bis 8 Grad Celsius kalt sind, für Joghurt und Pflanzenmilch nutzen sollten. Das mittlere Fach, welches etwa 2 Grad Celsius kühl ist, sollte für leicht verderbliche Dinge genutzt werden, wie zum Beispiel das Essen vom Vortag. Und ganz unten, bei etwa 10 Grad, sollte das Gemüse gelagert werden. Die Kühlschranktür gilt als wärmstes Fach, weshalb man dort Saucen, Getränke, Marmelade, Margarine oder Aufstriche aufbewahren sollte.

Nutzen Sie außerdem Sonderangebote. Alle paar Wochen gibt es im Discounter beispielsweise pflanzliche Milch oder andere vegane Produkte im Angebot. Auch in einigen veganen Online-Shops gibt es Rabattaktionen. Generell eignen sich Discounter und Drogerien mittlerweile sehr gut für Veganer, da diese viele vegane Produkte im Sortiment haben. Dort kommt man günstig, aber meist genauso hochwertig weg wie im Bioladen.

Falls Sie einen Balkon oder sogar einen Garten haben, können Sie selber frisches Gemüse und Kräuter anbauen. Sie sparen dann nicht nur Geld, sondern konsumieren auch Gemüse ohne Pestizide. Für Anfänger eignet es sich besonders gut, Zucchini, Kürbisse, Thymian und Rosmarin anzupflanzen, da diese Pflanzenarten sehr pflegeleicht sind und nicht viel Zeit in Anspruch nehmen.

Ein weiterer Aspekt, der für Vegan-Anfänger oft schwierig ist, ist es, die richtigen Ersatzprodukte zu finden. Viele denken, Sie müssten teure Produkte im Bioladen kaufen und wissen auch gar nicht so genau, wie sie was ersetzen können. In den folgenden Tabellen finden Sie einen kleinen Einkaufs-Guide. Denn nicht jede Pflanzenmilch eignet sich für jedes Gericht. Welche verwenden Sie am besten zum Kochen? Und welche fürs Backen oder für Süßspeisen?

Original	Alternative
Kuhmilch oder Ziegenmilch	- Sojamilch: Sojamilch ist wohl die bekannteste Pflanzenmilch weltweit. Hier ist es für Veganer jedoch wichtig, auf die Zutatenliste zu achten. Sehr reichhaltig ist die Sojamilch mit zugesetztem Vitamin D und am besten auch mit Vitamin D2, da Vitamin D3 ein tierisches Produkt vom Schaf ist. Sojamilch gibt es in verschiedenen Varianten: ungesüßt, pur, Schokolade, Vanille, Banane oder Erdbeere. - Mandelmilch: Die Mandelmilch ist sehr cremig, geschmackvoll und eiweißhaltig. Diese eignet sich perfekt zum Kochen oder Backen. - Reismilch: Reismilch ist etwas dünnflüssig und enthält nur wenig Eiweiß,

	weshalb diese sich zum Kochen nicht eignet. Am besten eignet sie sich zum Trinken oder im Müsli. - Kokosmilch zum Trinken: Diese eignet sich besonders gut für süße Gerichte und hat einen sehr cremigen Geschmack. Besonders lecker schmeckt Kokosmilch auch im Müsli. - Hanfmilch: Ist etwas außergewöhnlich bzw. gewöhnungsbedürftig im Geschmack. Zum Trinken ist hier eher die Kakao-Hanfmilch empfehlenswert. Hanfmilch passt zu einigen Gerichten und schmeckt auch gut im Milchkaffee.
Buttermilch	- Selbstgemachte Buttermilch: Ein Esslöffel frisch gepressten Zitronensaft, Apfelessig oder weißes Balsamessig mit 250 Milliliter ungesüßter Sojamilch

	vermengen.
Butter	- Pflanzenmargarine: Es gibt zwar viele Sorten, doch viele enthalten immer noch Molke oder Kasein. Deshalb sollte man immer besonders gut die Zutaten studieren. - 250 Milliliter Kokosöl: Eignet sich besonders gut zum Braten oder in Desserts. - 190 Gramm Pflanzenfett: Pflanzenfett kann man statt Butter zum Backen benutzen. Man darf jedoch nur drei Viertel von der angegebenen Grammanzahl benutzen.
Schlagsahne	-Sojacreme/Sojacuisine: Bestens geeignet für Saucen, Suppen oder Eintöpfe. - vollfette ungesüßte Kokosmilch oder Kokoscreme: Diese eignet sich für Süßspeisen wie Pud-

	ding.
Eis	- Sojaeis - Reiseis - Kokoseis
Saure Sahne	- Pflanzliche saure Sahne - Saure Sahne aus Tofu
Joghurt	- Sojajoghurt - Kokosjoghurt - Reisjoghurt - Mandeljoghurt Milchfreie Joghurts gibt es in den unterschiedlichsten Sorten und Geschmacksrichtungen. Ideal als Snack für zwischendurch, aber auch zum Kochen oder Backen geeignet.

Alle Pflanzendrinks halten sich nach dem Öffnen für etwa sieben bis zehn Tage im Kühlschrank. Natürlich können Sie pflanzliche Milch und andere alternative Produkte auch selber herstellen. Seien Sie kreativ und stellen Sie Ihre eigene Pflanzenmilch aus Ihren Lieblingsnüssen her. Alles, was Sie dafür brauchen, ist ein Standmixer oder ein Entsafter. Außerdem ein feinmaschiges Sieb und einen

Nussmilchbeutel. Diesen finden Sie bei dm, in Bioläden oder in Onlineshops.

- **Kokosmilch**: Ein paar Stücke von einer getrockneten Kokosnuss und Wasser in einem Topf aufkochen lassen, den Topf vom Herd nehmen und eine Stunde ziehen lassen. Das Ganze sollte durch ein Sieb laufen und in einem Standmixer gemixt werden.
- **Pflanzliche Kondensmilch:** 125 Gramm trockenes Soja oder Reispulver mit 175 Milliliter Wasser vermischen.
- **Erdnussmilch**: 300 Gramm gehackte Erdnusskerne, einen halben Teelöffel Meersalz und zwei Esslöffel Rohrzucker in eine Pfanne geben und bei mittlerer Hitze unter ständigem Rühren rösten. Zimt und 700 Milliliter Wasser hinzufügen, alles in einem Mixer pürieren. Durch einen Nussmilchbeutel durchsieben und das Erdnussmark kühl stellen.
- **Saure Sahne aus Tofu:** 200 Gramm Tofu, 30 Gramm gemahlene Cashewkerne, ein Esslöffel Reisessig, ein Esslöffel Zitronensaft, ein Esslöffel Miso und ein Esslöffel geschmacksneutrales Pflanzenöl in einem Standmixer pürieren und kühlstellen.
- **Olivenölaufstrich:** Ein Ersatz zur klassischen Butter. Dieser eignet sich gut auf Toast und Knoblauchbrot. Dafür 125 Gramm Olivenöl, 175 Gramm Seidentofu, einen Teelöffel Maca-Pulver, einen halben Teelöffel Meersalz und einen Teelöffel Xanthan in einen Stand-

mixer geben und die Zutaten zu einer cremigen Masse pürieren.

- **Sojajoghurt:** Zutaten: 250 Milliliter Sojamilch, zwei Esslöffel Zitronensaft, zwei Esslöffel Rohrzucker, zwei Esslöffel Maisstärke, eine Prise Meersalz, eine Tüte Vanillezucker, ein Teelöffel abgeriebene Zitronenschale. Zubereitung: Sojamilch und Zitronensaft in einer Schüssel vermengen, alles gut verrühren, Rohrzucker, Maisstärke und Salz hinzufügen und pürieren. Alles für eine Minute in der Mikrowelle erhitzen und nochmals pürieren. Alles nochmal für eine Minute in die Mikrowelle stellen. Nun die geriebene Zitrone oder nach Belieben auch andere Früchte oder Aromen vermengen und im Kühlschrank dick werden lassen.

Original	**Alternative**
Käsescheiben	- Eine Scheibe pflanzlicher Käse (von verschiedenen veganen Marken)
Frischkäse	Pflanzlicher Frischkäse. Besonders die Marken Tofutti, Heinerle und Bute Island haben eine sehr gute Frischkäse-Alternative, die genauso wie das Original schmeckt.

Viele Menschen können es sich nicht vorstellen, vegan zu leben, weil sie Käse über alles lieben. Doch es gibt mittlerweile viele alternative Produkte, mit denen Sie Käse ersetzen oder auch selber herstellen können. Viele Käsearten sind leider noch nicht einmal vegetarisch, da in diesem Lab enthalten ist. Lab besteht aus Kalbsmagen und wird für einige Käsesorten und gesättigte Fettsäuren verwendet. Die alternativen Produkte sind viel gesünder, da sie aus Zutaten wie Cashew-Nüssen, Walnüssen, Agar-Agar, Tofu, Maca-Pulver oder Miso bestehen. Bekannte und leckere Marken wären zum Beispiel Tofutti, Vegourmet, Vegusto oder Lord of Tofu.

Es ist auch gar nicht schwer, auf Eier zu verzichten, so wie viele immer denken. Nicht immer hatten die Menschen Eier zur Verfügung, zum Beispiel während des Kriegs. Damals hat man oftmals Backnatron oder Essig als Ersatz verwendet.

Original	**Alternative**
Ein Ei als Bindemittel für zum Beispiel Kuchen oder Kekse	- Anderthalb Teelöffel Eiersatz-Pulver (gibt es zum Beispiel in Bioläden oder im Reformhaus) mit zwei Esslöffeln Wasser anrühren. - Oder man nimmt zwei Esslöffel Speisestärke, welche man mit zwei Esslöffeln Wasser anrührt. - Apfelmus oder eine zerdrückte Banane eignen sich auch sehr gut.
Ein Ei, welches als Feuchtigkeit in Backwaren dienen soll	Ein Teelöffel Öl mit 60 Milliliter Pflanzenmilch verrühren.
Eiweiß	Einen Esslöffel Agar-Agar mit einem Esslöffel Wasser verrühren und vor Ver-

	wendung kühlstellen.
Ein Ei als Bindemittel für herzhafte Gerichte	- 60 Gramm Seidentofu, den man cremig rührt. - Zwei Esslöffel Tomatenmark (zum Beispiel in den Teig von Gemüsebratlinge miteinrühren).
Mayonnaise	Vegane Mayonnaise (gibt es mittlerweile zum Beispiel bei Rewe und Edeka)
Rührei	Rühr-Tofu: Naturtofu mit Gemüse nach Wahl mit schwarzem Steinsalz (sorgt für den typischen Ei-Geschmack) anbraten.

Fleisch und Fischprodukte können Sie auch einfach ersetzen. Es müssen auch nicht immer Gemüsebratlinge sein. Hier finden Sie eine kleine Auswahl an Ersatzprodukten.

Original	**Alternative**
Speck/Speckwürfel/Bacon	Gewürfelter Räuchertofu
Rinderbrühe	Gemüsebrühe mit Sojasauce vermischen
Hackfleisch/Geschnetzeltes	- Grünkernschrot - Sojagranulat - Veggie-Hack
Burger-Pattie	- Veggie-Burger - Portobello-Pilze - Gemüsebratlinge oder Falafel
Fisch	Vegane Fischstäbchen (Von z. B. Rügenwalder-Mühle)

Vorurteile über vegane Ernährung

Einige wichtige Punkte wurden in den letzten Kapiteln schon beantwortet, doch einige häufige Vorteile, die sowohl in den Medien als auch unter Ärzten und Wissenschaftlern häufig diskutiert werden, sollen hier thematisiert werden. Wer sich vegan ernährt, ist häufig einer Stigmatisierung ausgesetzt. Dies betrifft zum Beispiel Frauen, die schwanger sind, Eltern, die ihre Kinder vegan ernähren wollen, Menschen, die unter einer Essstörung leiden und dies mit der veganen Ernährung in Zusammenhang gebracht wird. Außerdem beäugen viele Ärzte Menschen kritisch, die sich vegan ernähren und wollen einem direkt Nahrungsergänzungsmittel verordnen.

VEGANE ERNÄHRUNG IN DER SCHWANGERSCHAFT

Es gibt immer noch viele Ärzte, die der Auffassung sind, dass Babys von Müttern, die sich vegan ernähren, schwere Schäden, wie zum Beispiel eine neurologische Erkrankung oder Entwicklungsstörungen ent-wickeln. Grund sei der Mangel an Vitamin B12. Dieser These stehen einige Studien gegenüber, die herausgefunden haben, dass sich Kinder von vegan lebenden Frauen ganz normal entwickelt haben. Die Vorurteile entstehen oftmals durch Einzelfälle, in denen Kinder einen Schaden erlitten haben, weil Mütter nicht auf ausreichend Vitamin B12 geachtet haben. Dies sind jedoch Ausnahmefälle.

Oftmals sind Mütter auch gar nicht vegan, denn die meisten vegan lebenden Menschen informieren sich bestens über diesen Lebensstil. Ein Vitamin B12-Mangel kann jeden treffen. Sowohl Fleischesser, Vegetarier als auch Veganer. Die Deutsche Gesellschaft für Ernährung (DGE) kommt aufgrund der Einzelfälle von sektenähnlichen Gruppen, die sich plötzlich vegan ernähren, Supplementierung etc. ablehnen, zu dem Ergebnis, dass vegane Ernährung während der Schwangerschaft nicht möglich sei. Diese Menschen lehnen teilweise sogar pflanzliche Lebensmittel ab, was vegan lebende Menschen nicht tun. Die Ansicht der DGE widerspricht einigen Studien, die zu dem Thema durchgeführt wurden.

Die Danish National Birth Cohort hat Daten zwischen 1996 und 2002 ausgewertet. Sie wollten untersuchen, ob es neurologische Schäden bei Kindern gibt, wenn sich die Mütter vegan oder vegetarisch ernähren. Die Forscher untersuchten die Daten von 77.068 Kindern. 986 Frauen gaben an, dass sie sich vegetarisch ernähren und 21 Frauen gaben an, sich vegan zu ernähren. Obwohl diese Anzahl sehr niedrig ist, reichte es den Forschern, um einen Mittelwertunterschied zu errechnen.

Im Gesamten gaben 90 Prozent der Mütter an, ein Vitaminpräparat einzunehmen. Bei den vegan lebenden Müttern waren es 95 Prozent. Es gab keinen Hinweis dafür, dass es zwischen den Kindern von vegan, vegetarischen und fleischessenden Müttern Unterschiede gibt. Obwohl der Wert sehr gering ist, hat die Studie einen höheren Wert als die Einzelfallberichte, auf die sich die DGE stützt. Vor allem, weil die Kinder während der Studie über einen Zeitraum von sieben Jahren beobachtet wurden.

Auch andere größere Organisationen wie die amerikanische Academy of Nutrition and Dietetics, die australische und die kanadische Ernährungsorganisation sowie die britische Gesundheitsversorgung der National Health Service sagen, dass eine pflanzliche Ernährung, während der Schwangerschaft möglich sei, wenn man diese gut plant. Aber dies sollte bei jeder Ernährungsform der Fall sein.

Die DGE steht mit ihrer kritischen Position zur veganen Ernährung mittlerweile alleine da. Der Mentor des IFANE und Koryphäe der vegetarischen Vollwerternährung sagt hierzu: „Die DGE ist sehr vorsichtig in ihren Empfehlungen (...). Aber die Wirklichkeit zeigt, dass die Veganer gut informiert sind, und gerade wenn sie ihre Kinder auch vegan ernähren, das in der Regel auch richtig machen."

Die Studienlage zu veganen Schwangerschaften ist bisher auch sehr gering. Eine Übersichtsarbeit von 22 Studien zu vegetarischen und veganen Schwangerschaften sagt auch, dass eine vegane Lebensweise während der Schwangerschaft möglich ist. Einige Studien fanden nur geringe Unterschiede heraus. Säuglinge vegan lebender Mütter waren bei der Geburt ein wenig schwerer und durchschnittlich stillten die Mütter ihre Kinder auch länger. Außerdem war das Risiko geringer, eine Schwangerschaftsvergiftung zu bekommen, während man bei vegetarisch lebenden Müttern kaum einen Unterschied der Muttermilch zu Mischköstlerinnnen feststellen konnte.

Die Gießener-Vollwert-Ernährungsstudie fand auch heraus, dass Vegetarierinnen mehr Obst, Gemüse und Vollkornprodukte zu sich nahmen. Das führte dazu, dass sie im Vergleich zu Mischköstlerinnen vermehrt Magnesium und Folat aufgenommen haben. Wie alle Schwangeren sollten vegan und vegetarisch lebende Mütter auf eine ausreichende Zufuhr von Eisen, Jod, Folsäure und Vitamin B12 achten.

VEGANE KINDERERNÄHRUNG

Auch bei der veganen Ernährung bei Kindern gibt es immer noch viele Unsicherheiten. Viele Kinderärzte raten direkt davon ab, ohne sich mit der Materie genau befasst zu haben. Das führt dazu, dass viele Eltern verunsichert sind und mit vielen Vorurteilen zu kämpfen haben.

Im British Journal of Nutrition wurde eine Studie veröffentlicht, die zeigt, dass Säuglingsnahrung auf Sojabasis unbedenklich sei, wenn Muttermilch nicht ausreichend genutzt werden kann. Das Ergebnis der Studie sagt aus, dass Säuglinge, die mit Sojapräparaten gefüttert wurden, eine ähnliche Gesundheit der Knochen, des Immunsystems, des Wachstums und der mentalen Leistungsfähigkeiten aufwiesen wie Kinder, die mit Kuhmilch ernährt wurden.

Wenn die Kinder älter sind, gibt es oftmals immer noch Bedenken. Vegane Kinderernährung ist ein kontroverses Thema. So wie auch bei der veganen Schwangerschaft gibt es von den Ernährungsgesellschaften in anderen Ländern eine Empfehlung zur veganen Lebensweise in jedem Alter, während Deutschland dem immer noch kritisch gegenübersteht.

Die VeChi Diet-Studie hat ein Zwischenergebnis zur veganen Ernährung bei Kindern vorgestellt. Die Studie möchte das Wissen über vegane Ernährung erweitern und vergleicht dafür die Nährstoffzufuhr von fleischessenden, vegetarischen und veganen Kindern in Deutschland. Die Studie wird von der Erna-Graf-Stiftung unterstützt. Forscher und Forscherinnen des Instituts für alternative und nachhaltige Ernährung (IFANE) sowie der Fachhochschule des Mittelstands und der Universität Bonn beteiligen sich an dieser Studie.

Kinder im Alter von ein bis drei Jahren wurden in drei Gruppen eingeteilt: Es gab mit Mischkost ernährte Kinder, vegetarische und vegan ernährte Kinder. Die Studie wurde zwischen Oktober 2016 und April 2018 an 364 Kindern durchgeführt. Über drei Tage sollten die Eltern die Nahrungsmittel, Getränke und Nahrungsergänzungsmittel protokollie-ren, die ihre Kinder zu sich genommen haben. Außerdem wurde die Körpergröße und das Gewicht der Kinder notiert.

Jede Ernährungsgruppe wies eine normale Entwicklung vom Gewicht und Körpergröße auf. Der Studienleiter Dr. Markus Keller weist daraufhin, dass dies eines der wichtigsten Ergebnisse sei. Lediglich fand man heraus, dass 10 Prozent der vegan und 6 Prozent der vegetarisch lebenden Kinder ein wenig zu klein für ihr Alter waren.

Andere Studien sagen jedoch, dass dieser Größenunterschied wieder ausgeglichen wird. Die empfohlene Menge an Kohlenhydraten, Proteinen und Fetten wurde auch von allen drei Gruppen erreicht. Allerdings gab es bei den Vitaminen und Mineralstoffen einen wesentlichen Unterschied. Die Gruppe der vegan ernährten Kinder wies eine höhere Vitamin-C-Zufuhr auf, wobei jede Gruppe die empfohlene Dosis an Vitamin C und auch an Zink erreichte. Aber nur die vegan ernährten Kinder konnten die empfohlene Menge an Eisen und Folsäure erreichen.

Alle drei Gruppen zeigten jedoch kritische Werte bei Vitamin B2, Jod und Kalzium. Dort hatten die vegan ernährten Kinder die niedrigsten Werte. Sie erreichten nur die Hälfte der empfohlenen Menge und die Mischköstler erreichten nur drei Viertel der empfohlenen Menge an Kalzium. Das Vitamin B12 war bei allen vegan ernährten Kindern sehr hoch. Etwa 94 Prozent nahmen Nahrungsergänzungsmittel zu sich. Dies erachten die Forscher als sehr positiv, da dies für die Entwicklung des Gehirns der Kinder notwendig ist.

Bei einigen Familien aus allen drei Gruppen sehen die Forscher den Bedarf für eine Ernährungsberatung. Der Sinn dieser Studie war, anhand der Ergebnisse Ernährungsempfehlungen für vegane, vegetarische und fleischessende Kinder herausgeben zu können. Durch die Studie sollen nach und nach Vorurteile beseitigt werden.

Die Forscher halten eine vegane und vegetarische Ernährung im Kleinkindalter für möglich, solange Nährstoffe wie Vitamin B12 zusätzlich gegeben werden.

UNTERSCHIED: VEGANE ERNÄHRUNG UND ESSSTÖRUNG

Mit diesem Kapitel soll vegan lebenden Menschen eine Stimme gegeben werden, die entweder vegan leben und gleichzeitig an einer Essstörung leiden oder denen aufgrund ihrer veganen Ernährung eine Essstörung unterstellt wird. Man sollte ganz klar zwischen einer veganen Ernährung und einer Essstörung differenzieren können. Doch immer noch herrscht das Vorurteil, dass eine vegane Ernährung eine Diät sei und zu einer Mangelerscheinung führen könne.

Eine Essstörung kann jeder Mensch entwickeln. Das heißt, Menschen, die vegan leben, können genauso eine Essstörung entwickeln wie Menschen, die Fleisch essen. Im Gegensatz zu einer Magersucht basiert die vegane Ernährung nicht auf reinem Verzicht. Symptome einer Magersucht sind u.a. ein absichtlich herbeigeführter Gewichtsverlust und eine sehr eingeschränkte Wahl an Lebensmitteln bis zu einem vollkommenen Verzicht auf Nahrung.

Natürlich verzichten Veganer auch auf tierische Produkte wie Fleisch, Fisch, Milch, Eier und Honig, aber nicht mit dem Ziel, Gewicht zu verlieren, sondern aus moralischen oder gesundheitlichen Gründen. Hinzu kommt, dass Veganer die besagten Lebensmittel durch andere ersetzen, zum Beispiel durch Sojaprodukte wie Tofu statt Fleisch und Sojamilch statt Kuhmilch. Auch die Auswahl an veganen Süßigkeiten wird stetig größer, sodass man als Veganer auf nichts verzichten muss. Viele Veganer achten auch viel bewusster auf ihre Ernährung und ihre Gesundheit als Mischköstler dies tun.

Eine Essstörung hat ihren Ursprung in seelischem Leid und ist nicht zwangsläufig eine bewusste Entscheidung, während man sich für den veganen Lebensstil ganz bewusst entscheidet. Viele Menschen bezeichnen den veganen Lebensstil als Lebensphilosophie. Dies sind Menschen, die nicht nur auf ihre Ernährung achten, sondern auch auf Kleidung verzichten, die aus Daunen, Leder, Wolle, Seide oder Pelz hergestellt wurde. Sie verzichten außerdem auf Kosmetikprodukte, die tierische Inhaltsstoffe enthalten oder an Tieren getestet wurden.

Um das Stigma abzubauen, dass die vegane Ernährung zu Mangelerscheinungen führe oder gar eine Essstörung sei, sollten Begriffe wie „Trend" oder „Diät" in diesem Zusammenhang vermieden werden. In einigen Studien haben Forscher auch herausgefunden, dass sich eine rein pflanzliche Ernährung positiv auf die mentale Gesundheit auswirkt. Die Forscher untersuchten Veganer, Vegetarier und Mischköstler und orientierten sich an der Depression Anxiety Stress Scale-21.

Die Ergebnisse der Studie zeigten, dass Veganer den geringsten Stresswert aufweisen und ihre Angstzustände deutlich geringer waren. Ein Grund dafür könnten die

Hormone im Fleisch sein. Denn im Gewebe von Tieren wird das Adrenalin gespeichert und da sie während der Gefangenschaft und im Schlachthaus großen Ängsten ausgesetzt sind, nehmen wir diesen Stress und diese Ängste in uns auf. Vegane Ernährung kann also sogar dazu beitragen, dass sich die mentale Gesundheit verbessert anstatt sich zu verschlechtern.

BRAUCHEN ALLE VEGANER NAHRUNGSERGÄNZUNGSMITTEL?

Durch eine richtig durchgeführte vegane Ernährung, bekommt der Körper genauso viele Nährstoffe wie bei einer omnivoren Ernährung, wenn man auf Getreide, Obst, Gemüse, Hülsenfrüchte, Nüsse, Samen und Sprossen zurückgreift.

Bei jedem Menschen kann es zu Mangel-erscheinungen kommen. Dies ist kein Hauptproblem von Veganern, sondern kann jeden treffen, der nicht ausreichend Nährstoffe zu sich nimmt. Als Veganer muss man nicht unbedingt auf B-12-Präparate zurückgreifen. Es gibt zum Beispiel pflanzliche Milch, die mit Vitamin B12 und Kalzium angereichert ist. Auch viele Fruchtsäfte und vegane Streichfette enthalten einige wichtige Nährstoffe, sodass Nahrungsergänzungsmittel oftmals überflüssig sind. Nur wer keine Nahrungsmittel mit angereicherten Nährstoffen konsumiert oder merkt, dass er oder sie es nicht schafft, sich im Alltag ausgewogen zu ernähren, sollte zusätzlich Nahrungsergänzungsmittel nehmen. Dazu sei noch gesagt, dass Tiere in der Massentierhaltung Vitamin B12 ins Futter gemischt bekommen, da sie es auf natürlichem Wege gar nicht mehr aufnehmen können.

Kühe, die zum Beispiel Wiederkäuer sind, haben einen Vormagen, in dem sie Vitamin B12 erzeugen können. Dazu müssen diese aber genug Kobalt aufnehmen, welches für die Synthese notwendig ist. Bei Schweinen ist dies noch komplizierter. Es dürfen ihnen nur Milch, Eier und Fischmehl verfüttert werden, ansonsten jedoch keine weiteren tierischen Produkte. Genauso sieht es bei Hühnern aus. Deshalb wird den Tieren Vitamin B12 ins Futter gemischt. Es ist also ressourcenschonender, das Vitamin-B12-Präparat direkt einzunehmen als über ein Stück Fleisch.

Verschiedene Betrachtungsweisen zur veganen Ernährung

Neben den zahlreichen gesundheitlichen Aspekten gibt es auch noch andere gute Argumente, sich vegan zu ernähren. Vegane Ernährung kann purer Genuss sein. Es gibt zahlreiche leckere vegane Rezepte und Lebensmittel. Zudem gibt es noch juristische Betrachtungsweisen, die man durchaus kritisch sehen kann, da Tiere nach wie vor als Gegenstand angesehen werden. Im Anschluss folgen noch einige philosophische Sichtweisen, die interessante Positionen zum Tierschutz einnehmen.

VEGAN – VERZICHT ODER GENUSS?

Wer an einen veganen Lebensstil denkt, denkt wahrscheinlich zuerst an den Verzicht. Man denkt an die Dinge, auf die man verzichten muss und an ein eingeschränkteres Leben. Doch die wenigsten halten sich vor Augen, wie viel man durch die vegane Lebensweise gewinnen kann. Man lernt ganz neue Lebensmittel und Rezepte kennen und gewinnt mehr als man verliert. Sie bekommen nun ein paar Inspirationen, die zeigen, dass die vegane Ernährung hauptsächlich aus Genuss und nicht aus Verzicht besteht.

Auch wer vegan lebt, kann schlemmen und sich einen saftigen Burger gönnen.

Zutaten für 2 Personen:

- 2 Vollkorn-Burgerbrötchen
- 1 große Fleischtomate in Scheiben geschnitten
- 4 große Salatblätter
- 2 Essiggurken in Scheiben geschnitten
- 1 fein gehackte Zwiebel
- 1 fein gehackte Knoblauchzehe
- 1 Handvoll fein gehackte Champignons
- 1 grob gehackte Stange Sellerie
- 1 grob gehackte grüne Paprika
- 400 g schwarze Bohnen aus der Dose
- 3 Esslöffel neutrales Bratöl
- 1 Esslöffel Senf + 1 Esslöffel Ketchup
- 3 Esslöffel Sojasauce
- 2 Teelöffel vegane Steak-Gewürzmischung
- 120 Gramm Paniermehl
- 1 Handvoll fein gehackte Walnüsse

Zubereitung: Zuerst einen Esslöffel Bratöl in der Pfanne erhitzen und die Zwiebeln, den Knoblauch, die Champignons und die Paprika anbraten. Die Gemüse-Mischung zusammen mit den schwarzen Bohnen, dem Senf, der Sojasauce und der Gewürzmischung in einem Standmixer pürieren. Die Walnüsse und das Paniermehl unterrühren und vier große Burgerpatties formen. Das restliche Bratöl in der Pfanne erhitzen, die Patties von beiden

Seiten knusprig braten. Die Brötchen mit Ketchup oder anderem Dressing bestreichen und abwechselnd mit Salat und Burgerpatties belegen. Obendrauf noch mit Tomatenscheiben und Essiggurken verzieren. Genießen Sie Ihren veganen Burger mit selbstgemachten Pommes oder Ofenkartoffeln.

Darf es auch ein leckerer Nachtisch sein? Die vegane Küche bietet eine Palette an leckeren Desserts und Kuchen. Sie werden keinen Unterschied zu nicht veganen Süßigkeiten merken. Besonders lecker ist der Lavakuchen, der auf jeder Feier beliebt ist oder als leckerer Nachtisch nach einem anstrengenden Tag.

Zutaten:

- 175 ml Schoko-Sojamilch
- 120 g Mehl

- 175 g Apfelmus
- 1 Teelöffel Apfelessig
- 50 g Kakaopulver
- 100 g Zucker
- 2 Esslöffel Kokosöl
- 1 Teelöffel Backpulver
- 50 g vegane Schokodrops
- 1 Tüte Vanillezucker
- Dunkle Schokolade
- Muffinformen

Zubereitung: Den Backofen auf 200 Grad Celsius vorheizen und die Sojamilch erwärmen und mit dem Apfelessig vermengen. Das Kokosöl und die Schokodrops schmelzen und zusammen mit dem Apfelmus, dem Zucker und dem Vanillezucker zu der Sojamilch geben und alles gut verrühren. Nun das Mehl, Backpulver und Kakaopulver hinzufügen und zu einem Teig verrühren. Den Teig in die Muffinformen füllen und in jedes Stück Teig ein Stück Zartbitterschokolade legen. Die Muffins in den Ofen schieben und 15 bis 20 Minuten backen. Kurz abkühlen lassen, auf einen Teller stürzen und bei Bedarf mit Puderzucker bestreuen. Wer es noch süßer mag, kann die Muffins auch mit Vanillepudding, Schokosauce, heißen Kirschen oder veganem Eis servieren.

Auch das Lieblingsessen der meisten Kinder, „Spaghetti Bolognese“, lässt sich vegan zubereiten und schmeckt genauso gut wie das Original, wenn nicht sogar besser.

Zutaten für zwei Portionen:

- 200 g Sojagranulat
- 250 g Spaghetti
- 1 fein gehackte Zwiebel
- 1 fein gehackte Knoblauchzehe
- 1 klein gewürfelte große Möhre
- 1 klein gewürfelte Selleriestange
- 200 g passierte Tomaten + 200 gestückelte Tomaten
- 200 ml Gemüsebrühe
- 1 Esslöffel Tomatenmark
- 2 Esslöffel Olivenöl

- 1 Esslöffel italienische Kräuter
- 1 Teelöffel Rohrzucker
- Hefeflocken (nach Bedarf)

Zubereitung: Die Spaghetti nach Packungsanweisung zubereiten. Olivenöl in einer Pfanne erhitzen und die Zwiebeln, die Möhren und den Sellerie scharf anbraten. Das Sojageschnetzelte dazugeben und alles für etwa drei Minuten braten. Mit den passierten Tomaten und der Gemüsebrühe ablöschen und das Tomatenmark miteinrühren. Die gestückelten Tomaten, die Gewürze und die Kräuter zur Sauce geben, gut verrühren und 10 Minuten köcheln lassen. Bei Bedarf die Hefeflocken mitunterrühren, damit die Sauce cremiger wird. Die Spaghetti mit der Sauce servieren.

Lernen Sie noch zahlreiche weitere Rezepte und Speisen kennen und lassen Sie sich von der veganen Küche inspirieren.

JURISTISCHE BETRACHTUNGSWEISE

Im Bürgerlichen Gesetzbuch (BGB) werden Tiere nur als Gegenstand wahrgenommen. Dieses Gesetzbuch unterscheidet nämlich nur zwischen Personen und Gegenständen. Und nur Personen sind Träger von Rechten. 1990 wurde dieser Paragraph erweitert: „Tiere sind keine Sache. Sie werden durch besondere Gesetze geschützt. Auf sie sind für die Sache geltende Vorschriften entsprechend anzuwenden, soweit nichts anderes bestimmt ist." Dieses Gesetz setzt sich also selber außer Kraft. Auch in der BGB-Kommentierung steht: „(...) gefühlte Deklamation ohne wirklich rechtlichen Inhalt." Auch das Tierschutzgesetz, in dem steht „Niemand darf einem Tier ohne vernünftigen Grund Schmerzen, Leiden oder Schäden zufügen", ist nicht darauf ausgerichtet, Tiere um ihrer selbst willen zu schützen, sondern lediglich die sittliche Ordnung soll dadurch geschützt werden. Tiere haben laut diesem Gesetz immer noch keine Rechte. Dies ist also das Hauptproblem, dass Lebewesen keine Rechte haben, nur weil sie nicht der Spezies Mensch angehören.

Das aktuelle Tierschutzgesetz in Deutschland beschäftigt sich auch mit Tierversuchen. Im Paragraph 7 heißt es, dass Tierversuche auf ein unerlässliches Maß beschränkt werden sollen. Doch der Ausdruck „unerlässliches Maß" erzeugt viel Kritik, da nicht genau definiert wird, was als unerlässlich gilt oder nicht. Zu erlaubten Tierversuchen gehöre auch die Grundlagenforschung, die nicht auf einen bestimmten Zweck ausgerichtet ist, sondern nur für den Gewinn von Wissen und Erkenntnis genutzt wird. Das Spektrum der möglichen Tierversuche ist in der Praxis sehr hoch.

PHILOSOPHISCHE BETRACHTUNGSWEISE

Da Tiere, laut Gesetz, weniger Rechte haben als Menschen, ist es notwendig, sich einige philosophische Positionen zum Tierschutz anzusehen, da die Gesetze nur aus einer rein menschlichen Perspektive geschrieben werden und andere Lebewesen kaum Berücksichtigung finden.

Das Problem des Speziesismus

Der Begriff „Speziesismus" bezeichnet eine moralische Diskriminierung von Lebewesen aufgrund ihrer Artzugehörigkeit. Das Leben oder Leid eines Lebewesens sollte jedoch nicht stärker berücksichtigt werden als das eines anderen Lebewesens. Ein Schwein, ein Rind oder ein Hund dürften demnach nicht schlechter behandelt werden als Menschen. Der Begriff wurde erstmals 1970 von Richard Ryder, einem britischen Psychologen, verwendet.

Man geht davon aus, dass die Unterteilung von Spezies ein soziales Konstrukt ist, genauso wie Rassismus und Sexismus.

Um ausdrücken zu können, dass der Mensch auch zu einer tierischen Spezies zählt und Menschen und Tiere keine Gegensätze darstellen, wird für Tiere häufig der Ausdruck „nichtmenschliche Tiere" verwendet. Der Veganismus wird als eine Ablehnung des Speziesismus gesehen. Viele Tierschützer benutzen den Begriff, um die

Massentierhaltung zu kritisieren oder die Kritik daran, dass wir Schweine und Kühe essen, aber Hunde und Katzen bevorzugt behandeln.

Viele Tierschützer fordern eine nicht-speziesistische Sprache. Viele Beschimpfungen wie „dumme Ziege", „faule Sau" oder „blöde Kuh" werden als diskriminierend gegenüber Tieren betrachtet. Auch, dass wir bei der Nahrungsaufnahme bei Tieren „fressen" sagen und bei Menschen das Wort „essen" verwenden, wird als speziesistisch angesehen. Auch die Einteilung in „Nutztiere" und „Haustiere" sei diskriminierend.

Pathozentrische Positionen – Peter Singer und Tom Regan

Das Wort „Pathozentrismus" stammt aus dem Griechischen (Pathos = Leid; Zentrum = der Mittelpunkt). Dieser philosophische Ansatz spricht allen empfindungsfähigen Lebewesen einen eigenen Wert zu. Diese Position nehmen viele Tierethiker und Utilitaristen ein. Pathozentristen bezeichnen Menschen, die Tieren Leid zufügen oder gar töten, als Speziesisten, da der Pathozentrismus die Interessen von allen Lebewesen, die empfindungsfähig sind, berücksichtigen möchte. Der Begriff „Pathozentrismus" ist das Gegenstück des Begriffs „Anthropozentrismus" (Anthropos = Mensch). Hier denken also die Menschen, dass sie der Mittelpunkt der Welt seien. Bei Entscheidungen wird nur die Position von Menschen berücksichtigt, nicht aber die von Tieren oder von Pflanzen.

Peter Albert David Singer wurde am 6. Juli 1946 in Melbourne geboren und ist ein australischer Philosoph und Ethiker und hat den Präferenzutilitarismus geprägt. Moralisch zu handeln sei nicht mit rationalen Argumenten möglich, sondern nur, wenn man die Interessen von Individuen berücksichtigt.

Singer zählt zu den bekanntesten Pathozentristen. Er schreibt, dass wir unsere Handlungen aus der Perspektive derer betrachten sollen, die wegen uns Leid erfahren. Dies sollen wir auch bei nichtmenschlichen Lebewesen (Tieren) machen. Unterschiede des Rechts, wie zum Beispiel das Wahlrecht, welches Tiere nicht besitzen, sollten kein Hindernis darstellen, um die Gleichheit verschiedener Lebewesen anzuerkennen: „Das Prinzip der Gleichheit beinhaltet, unsere Rücksicht auf andere nicht davon abhängig zu machen, wie sie aussehen oder welche Fähigkeiten sie besitzen (...).“ Dieses Argument von Singer richtet sich gegen Sexismus, Rassismus und auch gegen Speziesismus.

Für ihn ist die Leidensfähigkeit ein entscheidendes Kriterium: „Die Fähigkeit zu leiden oder zu genießen ist eine Voraussetzung, um überhaupt Interessen zu haben, eine Bedingung, die erfüllt sein muss, bevor wir in einer sinnvollen Weise von Interesse sprechen können.“

Man dürfe an die Stelle der Leidensfähigkeit keine Eigenschaften wie Intelligenz oder Vernunft setzen, denn diese sind willkürlich und treffen auch nicht auf alle Menschen zu. Einige Menschen haben eine geistige Behinderung oder eine geminderte Intelligenz, aber dennoch haben sie eine Leidensfähigkeit und müssen berücksichtigt werden. Alles andere wäre Diskriminierung: „Wenn der Forscher nicht bereit ist, einen verwaisten menschlichen Säugling zu verwenden, ist seine Bereitschaft, nichtmenschliche Wesen zu verwenden, reine Diskriminierung."

Wer Tiere als Nahrung oder für Tierversuche verwendet, verwendet die Tiere als ein Mittel zum Zweck. Das Interesse der Lebewesen, kein Leid zu empfinden, wird verletzt. Singer kritisiert an anderen Philosophen, dass ihre Theorien der Gleichheit immer nur auf Menschen bezogen sind und dass so viele Philosophen dabei versagen, andere Meinungen in Frage zu stellen.

Tom Regan ist auch ein Pathozentrist, verfolgt jedoch einen anderen Ansatz als Singer, weil es bei ihm nicht nur um die Leidensfähigkeit geht. Regan wurde am 28. November 1938 in Pittsburgh geboren und verstarb im Februar 2017. Er war ein US-amerikanischer Philosoph und vertrat eine abolitionistische Tierrechtsposition und kritisierte Singers utili-taristischen Ansatz. Seine These lautet, dass jedes empfindungsfähige Lebewesen einen inhärenten Wert und ein individuelles Wohl hat.

Einige kritische Positionen zur Tierrechtsethik sind laut Regan der Indirekte-Pflichten-Ansatz und die Vertragstheorien. Der Indirekte-Pflichten-Ansatz besagt zum Beispiel, dass man eine Pflicht gegenüber einem anderen Menschen hat, sein Haustier nicht zu verletzen. Diese Verpflichtung hat man aber nicht direkt dem Tier gegenüber, sondern nur dem Menschen. Auch die klassischen Vertragstheorien beziehen Tiere logischerweise nicht mit ein, da in diesen nur die menschlichen Interessen geschützt werden sollen. Es muss eine Theorie entwickelt werden, in der man gegenüber Tieren gerechte und direkte Pflichten hat.

Regan beschreibt auch Positionen, die zwar versuchen, Tiere miteinzubeziehen, die aber immer noch nicht stark genug sind, wie zum Beispiel die Mitleidsethik. Freundlichkeit sei zwar eine gute Tugend, aber noch lange keine Garantie für richtiges Handeln. Und auch das Fehlen von Grausamkeit ist keine Garantie dafür, Unrecht zu vermeiden. Nun kritisiert er auch den Utilitarismus. Die zwei wichtigsten Prinzipien des Utilitarismus sind:

1. Prinzip: Alle Interessen wiegen gleich stark.
2. Prinzip: Tue das, was für die meisten am nützlichsten ist.

An dieser Theorie kritisiert er, dass die Befriedigung der Interessen wichtiger ist als das Individuum selber. Regans Lösung ist deshalb, dass er jedem empfindungsfähigen Lebewesen einen inhärenten Wert zuspricht und formuliert einen Rechts-Ansatz, bei dem er sich auf Gemeinsamkeiten anstatt auf Unterschiede bezieht. Für ihn ist ein inhärenter Wert immer gleich und hat keine Abstufungen. Für ihn lassen sich Menschen- und Tierrechte nicht voneinander trennen. Sein Rechts-Ansatz verlangt, dass

Tierversuche und die Massentierhaltung komplett abgeschafft werden. Es sei nicht erforderlich, die Haltung bzw. das System zu verbessern, sondern es sei erforderlich, das System komplett abzuschaffen.

Biozentrische Position – Paul W. Taylor

Die biozentrische Position geht noch einen Schritt weiter als die pathozentrische Position. Der Biozentrismus gibt allem Lebendigen einen eigenen Wert. Im Gegensatz zu Singer und Regan beschäftigt sich Taylor in seiner Theorie auch mit der Natur und den Pflanzen.

Paul W. Taylor wurde 1923 in Philadelphia geboren und war ein US-amerikanischer Philosoph. Seine zentrale These lautet, dass jedes Lebewesen den gleichen, inhärenten und moralischen Wert hat, der von moralischen Akteuren berücksichtigt werden müsse. Alle Lebewesen, auch Pflanzen, handeln entweder zielorientiert oder haben ein zielgerichtetes Prozessbestehen. Um eine Pflanze zu berücksichtigen, müsse man kein Bewusstsein oder Wahrnehmung voraussetzen.

Seine Theorie besteht aus drei logischen Schritten:

1. Respekt vor der Natur: Man soll allen Lebewesen wie Organismen und Speziesgemeinschaften den gleichen Wert zuschreiben.
2. Verpflichtungen: Ökosysteme müssen geschützt werden.
3. Die biozentrische Sicht der Natur:

- Die Menschen werden als Mitglieder der Gemeinschaft alles Lebendigen betrachtet. Diese Mitgliedschaft darf nur zu den gleichen Bedingungen beansprucht werden, die auch für nichtmenschliche Lebewesen gilt.
- Das natürliche Ökosystem macht alle Lebewesen voneinander abhängig.
- Jedes Lebewesen wird als teleologisches Zentrum betrachtet. Das heißt, dass jedes Lebewesen sein Wohl auf seine eigene Art und Weise verfolgt.
- Die menschliche Vorherrschaft ist lediglich ein irrationales Vorurteil.

Für Taylor hat es etwas Anmaßendes, wenn wir auf „niedere“ Tiere herabblicken. Warum sollten wir bestimmte Fähigkeiten als ein Zeichen von Überlegenheit bezeichnen? Ein Adler kann zum Beispiel besser sehen als ein Mensch und ein Gepard schneller rennen. Sollten diese Lebewesens aufgrund ihrer Fähigkeit nun bevorzugt werden gegenüber uns Menschen? Die Menschen berufen sich nur aus einem menschlichen Standpunkt auf ihre Überlegenheit. Das menschliche Wohl ist für viele der Maßstab. Nach Taylor dürfen wir Tiere und Pflanzen aber nicht nach menschlichen Maßstäben messen.

Ehrfurcht vor dem Leben und Ehrfurcht vor den Tieren von Albert Schweitzer

Ludwig Philip Albert Schweitzer wurde am 14. Januar 1875 in Kaysersberg im Oberelsass geboren. Da sein Vater der Gemeindepfarrer des Dorfes war, wurde er als Kind vom protestantischen Glauben geprägt. Bis heute gilt Schweitzer als ein „Genie der Humanität" und wird als Vorbild in Bezug auf die menschliche Bildung wahrgenommen.

In Günzbach besuchte Schweitzer von 1880 bis 1884 die Dorfschule und ab 1885 das Gymnasium. Sein Interesse lag vor allem in den Naturwissenschaften und in Geschichte. Obwohl er in seiner Kindheit nicht gerne zur Schule ging, besaß er „ein leidenschaftliches Bedürfnis, zu denken und mit anderen Menschen nach dem Wahren und Zweckmäßigen zu suchen."

Ein großes Vorbild war daher sein Schuldirektor Wilhelm Deecke, der seinen Schülern nicht nur Wissen vermitteln wollte, sondern sie zu guten Menschen erziehen wollte. Im Jahre 1893 bestand Schweitzer sein Abitur mit einem mittelmäßigen Durchschnitt und begann, an der Universität Straßburg Philosophie und Theologie zu studieren. Er beendete dieses Studium im Mai 1898 und schrieb eine Dissertation über *„Die Religionsphilosophie Kants von der Kritik der reinen Vernunft bis zur Religion innerhalb der Grenzen der bloßen Vernunft."* 1899 übernahm er ein Predigtamt in Straßburg und 1902 arbeitete er als Privatdozent an der Universität Straßburg.

Er begann außerdem ein Medizinstudium, da er anderen Menschen etwas von seinem Glück zurückgeben wollte und beschloss außerdem, nach Afrika zu reisen, um den Menschen dort zu helfen. Zusammen mit seiner Frau Helene Schweitzer arbeitete er in einem Spital in Afrika und behandelte alle Patienten kostenlos. Zwischenzeitlich arbeitete er an einem Werk seiner Kulturphilosophie, welches den Titel „Wir Epigonen" trägt und schrieb darin: „Nur das eigene Denken kann einen Menschen zur Moral führen." Bei einer Bootsfahrt kommt ihm der Begriff „Ehrfurcht vor dem Leben" in den Sinn. Dieser wird zum tragenden Leitbild seines philosophischen Denkens.

Nach Ende des Zweiten Weltkriegs wurde Schweitzer immer berühmter. Viele amerikanische Zeitschriften berichteten über ihn, weshalb er auch öfters in die USA reiste. Die Gagen, die er dafür bekam, verwendete er für das Spital in Afrika. 1952 bekam er den Friedensnobelpreis, den er jedoch erst zwei Jahre später entgegennahm, da er sich zu dieser Zeit in Lambarane befand. Im Jahre 1965 starb Schweitzer. Der Einblick in sein Leben verdeutlicht, dass er schon in jungen Jahren freies Denken bevorzugte und seinen sicheren akademischen Weg verließ, um anderen helfen zu können.

Die Tierschutzbewegung spielt in der europäischen Philosophie nur eine untergeordnete oder gar keine Rolle: „Entweder hält diese die Betätigung des Mitleids gegen die Geschöpfe für eine Sentimentalität, die mit vernünftiger Ethik nichts zu tun hat oder sie gesteht ihr nur eine mehr nebensächliche Bedeutung zu." Descartes beispielsweise behauptete, dass Tiere bloß Maschinen seien und unser Mitleid nicht benötigten, während Jeremy Bentham die Ansicht vertrat, dass die Güte, die wir gegenüber anderen Geschöpfen spüren, lediglich eine Übung ist, die wir dann bei Menschen anwenden. Auch Kant sagt, dass die Ethik nur Pflichten gegenüber dem Menschen kennt.

Schweitzer war einer der ersten Philosophen, der sich für den Tierschutz einsetzte und schloss in seiner Ethik jedes Lebewesen mit ein. Bereits im Wintersemester 1911/12 hat dieser den Begriff „Ehrfurcht vor dem Leben" für seine Studenten entwickelt und stellte die Tatsache fest: „Ich bin Leben, das leben will, inmitten von Leben, das leben will." Nach Schweitzer hat also jeder Mensch einen Willen zum Leben, inmitten von anderen Lebewesen, die auch einen Willen zum Leben haben.

Der Mensch muss nun entscheiden, wie er sich, bezogen auf seinen Willen zum Leben, verhalten will. Schweitzer beschreibt die „Lebensbejahung" als einen zentralen Begriff in seiner Ethik. Die Lebensbejahung ist für Schweitzer „wahrhaftig" und „natürlich", jedoch stellt dies für ihn keinen Instinkt dar, sondern eine ethische Entscheidung, „sich seinem Leben und allem anderen Leben in Ehrfurcht hinzugeben und ihm so einen wahren Wert beizumessen."

Schweitzers Definition für Lebensbejahung bedeutet also: „Vertiefung, Verinnerlichung und Steigerung des Willens zum Leben." Trotz allem gestand Schweitzer ein, dass sich manches Leben in der Natur oft auf Kosten eines anderen durchsetzt, doch ein ethisch denkender Mensch würde das Prinzip des Fressens und Gefressenwerdens nicht einfach so hinnehmen. Für Schweitzer gehört Kultur und Ethik also eng zusammen.

Schweitzer beschäftigte sich auch mit einigen biologischen Erkenntnissen. Er gestand der Biologie zu, wertvolle Einblicke in verschiedene Lebensbereiche zu geben, aber diese Erkenntnisse würden nicht ausreichen, um zu verstehen, was Leben in seinem Innersten wirklich sei. Schon als Kind hatte sich Schweitzer Gedanken um andere Lebewesen gemacht. Da er sehr religiös war, hatte er auch die Tiere in seine Gebete miteinbezogen. Er empfand schon damals Mitleid zu den Tieren und weigerte sich als Kind, mit einer Steinschleuder auf Vögel zu schießen und versuchte andere vom Fischen abzuhalten.

Wie oben beschrieben, kam ihm der Begriff „Ehrfurcht vor dem Leben“ während seines Aufenthalts in Afrika in den Sinn. Nun wurde ihm bewusst, dass all die anderen Ethiken unvollständig seien und dass auch Tiere und andere Lebewesen in der Ethik berücksichtigt werden müssen: „Durch die Ethik der Ehrfurcht vor dem Leben gelangen wir in ein geistiges Verhältnis zum Universum. Die Verinnerlichung, die wir durch sie erleben, verleiht uns den Willen und die Fähigkeit, eine geistige, ethische Kultur zu schaffen (...).“ Für Schweitzer war alles Leben heilig. Für ihn gab es kein höherwertiges oder minderwertiges Leben. Seine Ethik bezeichnete er als eine universell erweiterte Ethik der Liebe.

Laut Schweitzer hat jeder Mensch Verantwortung gegenüber anderen Lebewesen und er stellte sich die Frage, ob man anderes Leben vernichten darf, um dafür ein anderes Leben zu retten. Er selber gab zum Beispiel einem Fischadler Fisch zu essen, damit dieser nicht starb, doch er empfand es als eine schwere Entscheidung, dass durch sein Handeln ein anderes Lebewesen getötet wurde. Für Schweitzer war die Grenze zwischen empfindendem und nicht empfindendem Leben sehr schwer zu bestimmen. Aber „das sinnlose Zerschlagen eines Kristalls (...) und das gedankenlose Brechen einer Blume sind Taten der Unsittlichkeit, die darum nicht minder unsittlich sind, weil kein Bewusstseins ihres Charakters vorhanden ist." Auch wenn man einen Wurm einfach auf der Straße liegen lässt, ist das laut Schweitzer eine Verfehlung gegen das Leben. Auch das Töten für die Wissenschaft oder für die Forschung sei gedankenlos: „Das wissenschaftliche Gewissen muss zugleich ein sittliches sein."

Er selber sagt jedoch auch, dass seine Theorie im Konflikt mit der Wirklichkeit steht. Dies geschieht dann, wenn die eigene Existenz mit einer anderen im Konflikt steht: „Ich werde (...) zum Massenmörder der Bakterien, die mein Leben gefährden können. Meine Nahrung gewinne ich durch Vernichtung von Pflanzen und Tieren." Jeder Mensch muss jedoch all diese Grenzen selber festlegen, wo man Leben erhalten und fördern sollte. Schweitzer macht auch darauf aufmerksam, dass man das Töten nicht immer vermeiden kann. Zum Beispiel, wenn wir im Wald spazieren gehen und versehentlich auf Insekten treten, die auf dem Waldboden leben. Die Menschen sollten sich aber immer bewusst sein, dass Töten etwas Schlimmes ist und dass eine Zeit kommen wird, in der beispielsweise die Jagd keinen angesehenen Sport mehr darstellen wird. Auch die Frage, ob man Fleisch genießen darf und ob man für seine Nahrung töten darf, stellte sich Schweitzer. Bei Fleisch sah Schweitzer keine wirkliche Notwendigkeit, jedoch wird durch Getreide und Früchte auch Leben zerstört: „In der Frage vegetarisch oder nicht-vegetarisch kann es sich also nur darum handeln, dass wir vom Vernichten von Leben, das dem unsrigen näher verwandt ist, Abstand nehmen wollen."

Da es in der Natur selber keine Moral gibt, kann die Ehrfurcht vor dem Leben nur der Mensch besitzen, weil dieser in der Lage ist, sein eigenes Verhalten zu reflektieren. Die Ehrfurcht vor dem Leben schließe die ganze Natur mit ein, die den Menschen umgibt. Sabine Pohl kritisiert folgendes Problem: „Wenn alles Leben den gleichen Wert besitzt und der Mensch handeln muss, um sich selbst am Leben zu erhalten, wie soll er entscheiden, welches Leben nach dem Kriterium der Notwendigkeit geopfert werden darf?" Schweitzer fordert uns aber nicht nur dazu auf, unnötiges Leid zu vermeiden, sondern auch, anderen

Lebewesen zu helfen, wenn diese sich in Gefahr befinden. Pohl formuliert daher vier verschiedene Ebenen der Schädigung von Leben:

1. Wenn das Leben absichtlich und sinnlos geschädigt wird
→ Zum Beispiel einen Kristall zerschlagen oder eine Blume abreißen
2. Wenn das Leben absichtlich, aber auf notwendiger Basis geschädigt wird
→ Zum Beispiel das Abernten von Gemüse
3. Wenn das Leben unabsichtlich geschädigt wird
→ Zum Beispiel versehentlich auf Insekten treten

4. Unterlassene Hilfeleistung

Auch wenn wir Menschen also nicht zu Hundert Prozent alles Leben schützen können, sollten wir laut Schweitzer jedem Lebewesen den gleichen Wert zusprechen und sinnloses Töten vermeiden und auf unser Gewissen hören. Obwohl Schweitzers Theorien auch viel Kritik bekommen und viele Autoren an der praktischen Umsetzung zweifeln, hat Schweitzer interessante Gedankengänge. Wir sollten uns immer bewusst machen, dass wir Menschen nicht unbedingt die „besseren" Lebewesen sind. Durch einen besseren Umgang mit Tieren und der Natur könnte sich unser Planet stark verändern. Die Voraussetzung wäre jedoch, dass die Menschen offen für diese Veränderungen sind.

Praktisch kann man Schweitzers Theorie nur umsetzen, wenn die Menschen Empathie nicht nur gegenüber anderen Menschen, sondern gegenüber allen Lebewesen empfinden und vor allem ihr Ego außen vorlassen würden. Das bedeutet beispielsweise, dass die Menschen das Wohl der Tiere über den Genuss von Fleisch stellen müssten. Schweitzer nennt das Argument, dass man abwägen müsse, ob man eher das Leben von Pflanzen oder von Tieren gefährden sollte. Hierzu lässt sich gut mit der heutigen Herstellung von Fleisch argumentieren. Wie in den vorherigen Kapiteln erwähnt wurde, werden für Fleisch aus der Massentierhaltung sehr viele pflanzlichen Ressourcen benötigt. Für Fleisch wird also nicht nur das Tier getötet, sondern auch viel Natur zerstört; die Umwelt leidet unter der Massentierhaltung und andere Menschen müssen Hunger leiden, weil deren Nahrungsressourcen für unsere Massentierhaltung verwendet wird. Die vegetarische bzw. vegane Lebensweise würde daher weniger Leid verursachen.

Es gibt auch ein Gedankenexperiment, um leichter Empathie zu allen Lebewesen empfinden zu können. Wir Menschen denken ja oft, weil wir intelligenter sind, eine Sprache besitzen und überlegener sind, haben wir das Recht dazu, uns über andere Lebewesen zu stellen. Doch man sollte sich folgendes vor Augen führen: Was wäre, wenn eine noch intelligentere Form von Leben die Erde bevölkern würde? Zum Beispiel Lebewesen, die dem Menschen überlegen wären, einen Intelligenzquotienten von 500 hätten, auf eine andere Art und Weise kommunizieren und technisch besser entwickelt wären? Und nun würden diese Lebewesen die Menschen so betrachten wie wir die Tiere betrachten. In dieser Situation würden die Menschen auch wollen, dass diese Wesen ihre Macht und Überlegenheit nicht ausnutzen. Man sollte den Wert des Lebens nicht an der Intelligenz messen oder daran, zu welcher Spezies ein Lebewesen gehört.

Wenn man ein Lebewesen aufgrund seiner Spezies schlechter behandelt, wird dies als Speziesismus bezeichnet. Doch um diese Gedanken auch in die Praxis umzusetzen, müsste sich auch in der Politik einiges tun. Der Fokus darf nicht zu sehr auf wirtschaftlichen Interessen liegen und letztendlich müssten so viele andere Missstände, die auf der Welt herrschen, auch gelöst werden. Wenn allein Menschen sich schon untereinander bekriegen, wird es wohl kaum dazu führen, dass diese anderen Lebewesen gut behandeln. Schweitzers Ethik richtet sich also nicht an eine Gemeinschaft, sondern an das einzelne Individuum: „Die Ethik der Liebe zu allen Geschöpfen im Einzelnen auszudenken: dies ist die schwere Aufgabe, die unserer Zeit gestellt ist."

Schluss

Sie haben nun einiges über die vegane Ernährung anhand von Daten, Fakten und philosophischen Theorien gelernt. Doch eine sehr große Studie, die Anfang der 2000er gemacht wurde und 2004 erschien, ist die China Study. Was Campbell beschreibt, fasst die bisherigen Erkenntnisse gut zusammen.

Ich wünsche Ihnen viel Freude dabei, sich weiter mit der veganen Ernährung auseinanderzusetzen und Ihr erlerntes Wissen praktisch anwenden zu können.

THE CHINA-STUDY – T. COLLIN CAMPBELL

In der China Study, die 2004 erschienen ist, wird die vegane Ernährung wissenschaftlich begründet. Das wichtigste Zitat von Campbell ist: „Nahrung zu essen, deren Cholesteringehalt über 0 mg liegt, ist ungesund." Cholesterin wird im Körper selber produziert und ist ein wichtiger Bestandteil, den wir für die Geschlechtshormone, die Fettverbrennung und für unsere Nerven benötigen.

Doch im Überfluss, besonders durch die Aufnahme tierischer Produkte, wirkt Cholesterin schädlich auf unseren Körper. Das Risiko, an einer Zivilisationskrankheit zu leiden, wird durch Fleisch, Fisch und Eier größer. Doch durch eine pflanzliche Ernährung lässt sich ein zu hoher Cholesterinspiegel vermeiden. Aber Campbell fragt sich, warum wir noch so oft hören, dass Milch und Fleisch gesund seien. Er gibt einige Beispiele, wie diese Informationen zustande kommen. Viele Industriebetriebe sind sehr einflussreich und würden eine Menge Geld verlieren, wenn immer mehr Menschen auf vegane Produkte umsteigen. Deshalb müssen sich Konzerne etwas überlegen, um auf legale Art und Weise falsche Informationen in die Welt zu setzen. Dazu nutzen sie Forscher, Wissenschaftler, Journalisten und Politiker. Campbell berichtet von einer älteren Werbung, in der ein „Ernährungsexperte" behauptet hat, dass die Hamburger von McDonalds gesund seien. Heute wissen wir mit Sicherheit, dass das nicht der Fall ist.

Auch ein Komitee wurde von der Fleisch- und Milchindustrie finanziert. Das Komitee hatte das Ziel, Menschen auszuspionieren, die sich gegen einen Milch-. und Fleischkonsum einsetzen wollten, um rechtzeitig Werbung für ihre Produkte zu machen, damit diese als gesund dargestellt wurden. Die Milchindustrie startete eine Kampagne, um die Nachfrage nach Milch zu erhöhen. Die Zielgruppe waren Kinder zwischen sechs und zwölf Jahren. Sie starteten eine Aktion an einer Schule, wo in den Klassenzimmern und in der Kantine Programme aushingen.

„Als der beste Weg für die Ernährung des langfristigen Flüssigmilch-konsums sind Kinder zweifellos die Zukunft des Milchproduktekonsums. Das ist der Grund, warum die Milchindustrie weiterhin Schulmilchverkaufsprogramme als eine Methode durchführt, um den Flüssigmilchkonsums der Kinder zu fördern." Kinder sollen schon in jungen Jahren beigebracht bekommen, dass Milch angeblich gesund sei.

Campbell gibt in seinem Werk acht sehr wichtige Grundsätze für eine gesunde Ernährung.

1. „Nahrungsmittel repräsentieren die Kombination aller Wirkungen der unzähligen Inhaltsstoffe. Das Ganze ist größer als die Summe der Einzelteile."

   → Damit möchte Campbell sagen, dass die chemischen Bestandteile der Nahrungsmittel eine Reihe von Reaktionen auslösen, um unsere Gesundheit aufrechtzuerhalten. Unsere Zellen wissen genau, wo welcher Nährstoff hingehört. So können wir unsere Nahrung maximal nutzen. Er nennt ein gesundes Gericht als Beispiel, wie Spinat mit Ingwer, Vollkornravioli mit Butternusskürbis und Kräuter und dazu eine Tomaten-Walnusssauce. All diese Nährstoffe sind miteinander verbunden, sobald die Nahrung mit dem Speichel in Berührung kommt und der Verdauungsprozess beginnt.

2. „Vitaminergänzungsmittel sind keine Wundermittel für eine gute Gesundheit“:

   → Gerade weil der Stoffwechselvorgang so komplex ist, bringt es oftmals nichts, Nährstoffe isoliert einzunehmen. Vollwertige Nahrungsmittel ersetzen sie nicht und es kann auch zu Nebenwirkungen kommen. Natürlich sind Nahrungsergänzungsmittel bei einem Mangel sehr wichtig und sinnvoll, aber sie ersetzen keine hochwertigen Nahrungsmittel.

3. „Es gibt praktisch keine Nährstoffe in Nahrungsmitteln tierischen Ursprungs, die nicht in besserer Form von Pflanzen bereitgestellt werden.“

   → Pflanzliche Lebensmittel beinhalten mehr Ballaststoffe, Antioxidantien und Mineralien als tierische Produkte. Auch die Fette und Proteine, die in Nüssen vorkommen, sind gesünder als die Fette vom Fleisch. Damit ein Nahrungsinhaltsstoff als Nährstoff gelten kann, müssen zwei Kriterien erfüllt sein. Der Inhaltsstoff muss für den Ablauf des menschlichen Organismus notwendig sein und der Nährstoff kann nicht vom Körper selber gebildet werden und muss deshalb durch eine Nahrungsquelle aufgenommen werden. Hier nimmt Campbell wieder das Cholesterin als Beispiel, welches vom Körper selber gebildet wird, weshalb es kein essentieller Nährstoff ist. Cholesterin, Vitamin A, Vitamin D und Vitamin B12 kommen in tierischen Produkten vor und in pflanzlichen Mitteln kaum. Nur einer davon ist ein essentieller Nährstoff, nämlich das Vitamin B12. Einige Forschungen haben gezeigt, dass Pflanzen rein theoretisch genug Nährstoffe wie auch Vitamin-B12 aus der Erde aufnehmen, aber durch schlechte Böden sowie durch Pestizide oder Düngermittel reicht das Vitamin B12 in Pflanzen nicht aus, weshalb man diesen Nährstoff gegebenenfalls supplementieren muss. Campbell empfiehlt jedoch nur eine geringe Dosis.

4. „Gene allein können keine Krankheit auslösen. Gene wirken nur, wenn sie aktiviert bzw. exprimiert werden. Ernährung spielt eine entscheidende Rolle bei der Bestimmung, welche Gene – ob gut oder schlecht – exprimiert werden."

   → Jede Krankheit ist erst einmal auf einen genetischen Ursprung zurückzuführen. In der China Study wurde festgestellt, dass Menschen mit ähnlichen Genen trotzdem unterschiedliche Krankheiten bekommen haben. Dies war abhängig von ihrer Umwelt. Einige Studien zeigten, dass Menschen, die in ein anderes Land auswandern, die Zivilisationskrankheiten dieses Landes übernehmen bzw. dass sich ihr Risiko für diese erhöht. Adipositas hat sich in den letzten 25

Jahren verdoppelt, obwohl sich die Gene nicht drastisch verändert haben. Doch die Gene werden von der Umwelt gesteuert. Besonders die Ernährung spielt eine große Rolle.

5. „Ernährung kann die schädlichen Auswirkungen giftiger Chemikalien maßgeblich beeinflussen."

   → Das Gesundheitsrisiko beim Fleischkonsum liegt vor allem darin, dass die Nährstoffe darin unausgewogen sind. Dies liegt nicht nur an schädlichen Stoffen wie Antibiotika etc., die mittlerweile darin enthalten sind. Bereits vor den Chemikalien im Fleisch haben die Menschen häufiger Krebs bekommen. Wenn wir jetzt auch noch giftige Chemikalien zu uns nehmen, wie aus der Luft oder in der Nahrung, können die krebserregenden Stoffe durch die Nahrung erst aktiviert werden.

6. „Die gleiche Ernährung, die Krankheiten im Frühstadium verhindern kann (vor der Diagnose), kann diese auch in späteren Stadien aufhalten oder rückgängig machen (nach der Diagnose)."

   → Forschungen zeigen, dass Menschen, die an einer fortgeschrittenen Herzkrankheit leiden, ihre Krankheit durch eine pflanzliche Ernährung rückgängig machen können. Dasselbe gilt für Adipositas und Diabetes. Selbst ein Melanom, welches Hautkrebs verursacht, kann verkleinert oder rückgängig gemacht werden. Auch Autoimmunerkrankungen können abgemildert und verlangsamt werden.

7. „Ernährung, die für eine chronische Krankheit von wirklichem Nutzen ist, ist generell gesundheitsfördernd."

   → Auch wenn eine pflanzliche Ernährung bei einer Herzkrankheit besser wirkt als bei einem Gehirntumor, fördert diese Ernährungsform keine weitere Krankheit. Diese Art der gesunden Ernährung sei in allen Bereichen sehr hilfreich.

8. „Eine gute Ernährung bringt Gesundheit in allen Bereichen Ihres Lebens. Alle Teile sind miteinander verbunden."

   → Gesunde Nahrungsmittel sind für eine ganzheitliche Gesundheit von großer Bedeutung. Campbell beschreibt das Essen als eine intime Begegnung mit unserer Umwelt, weil das, was wir essen, ein Teil von uns wird. Jedoch sind auch andere Dinge wichtig, wie ausreichend Bewegung, mentale Gesundheit und unsere Umgebung. Wer sich wohl in seiner eigenen Haut und in seiner Umgebung fühlt, wird auch Acht auf sich geben und sich gesund ernähren. Ganzheitlich bedeutet, dass alles miteinander zusammenhängt, damit die Gesundheit gefördert werden kann.

Literaturverzeichnis

Einleitung

- Mathias Brandt: https://de.statista.com/infografik/6972/fleischkonsum-in-deutschland/ (Stand: 05.11.2020)

Nervende Veganer und andere Schlauberger – Das vegane Dilemma

- Christian Vock: https://www.sueddeutsche.de/wissen/psychologie-und-ernaehrung-warum-fleischesser-vegetarier-anfeinden-1.1274443 (Stand: 05.11.2020).
- Juila Minson u. Benoit Monin: *Social Psychological and Personality Science*, Bd. 3, S. 200, 2012.

Ernährung in den Industrienationen

- Martina Naumann: https://utopia.de/ratgeber/industrielaender-definition-und-welche-dazugehoeren/ (Stand: 04.11.2020).

- Prof. Dr. Martin Klein: https://wirtschaftslexikon.-gabler.de/definition/industrielaender-40154 (Stand: 05.11.2020.
- Christoph Arens: https://www.bpb.de/gesellschaft/umwelt/klimawandel/38474/industrie-und-entwicklungslaender (Stand: 05.11.2020)

Harte Fakten

- https://albert-schweitzer-stiftung.de/themen/wasserverbrauch-ernaehrung (Stand: 05.11.2020)
- https://albert-schweitzer-stiftung.de/aktuell/regenwald-und-fleischkonsum (Stand:06.11.2020)
- Julia Eder: https://www.agrarheute.com/tier/arbeitsbedingungen-so-sieht-deutschen-schlachthoefen-527995 (Stand: 06.11.2020)
- Constantin Gill, Philipp Eggers und Christian Schepsmeier, NDR: https://www.tagesschau.de/investigativ/ndr/fleischindustrie-arbeitsbedingungen-103.html (Stand: 06.11.2020)
- https://www.blitzrechner.de/fleisch/#5-tipps,-um-fleisch-bewusster-zu-konsumieren (Stand: 07.11.2020)

Warum die Ernährungsindustrie nicht an unserer Gesundheit interessiert ist

- Hasler, Gregor. *Die Darm-Hirn-Connection: Revolutionäres Wissen für unsere psychische und körperliche Gesundheit-Wissen & Leben Herausgegeben von Wulf Bertram.* Klett-Cotta, 2019.
- https://de.statista.com/themen/4067/lebensmittelindustrie-in-deutschland/ (Stand: 16.11.2020)
- https://dip21.bundestag.de/dip21/btd/13/112/1311200.pdf

Billige Produktion, billiges Fleisch

- https://www.umweltbundesamt.de/themen/warum-fleisch-zu-billig-ist (Stand: 17.11.2020)
- https://albert-schweitzer-stiftung.de/massentierhaltung/schweine/mastschweine
- https://www.peta.de/resistente-keime-im-fleisch

Die Milch-Lüge

- https://www.forschung-und-wissen.de/nachrichten/medizin/milch-von-kuehen-erhoeht-das-risiko-an-osteoporose-zu-erkranken-13372086 (Stand:09.11.2020)
- Dahlke, Ruediger. *Peace Food: Wie der Verzicht auf Fleisch Körper und Seele heilt.* Gräfe und Unzer, 2011.
- https://peta50plus.de/wieso-geben-kuehe-milch (Stand: 09.11.2020)

- https://albert-schweitzer-stiftung.de/massentierhaltung/milchkuehe/2 (Stand: 09.11.2020)
- https://www.mdpi.com/2072-6643/10/8/1049/htm

Was essen wir da eigentlich? Wurst und Co unter der Lupe

- https://www.chemie-schule.de/KnowHow/Speisefett (Stand: 10.11.2020)
- https://www.lebensmittellexikon.de/m0003080.php (Stand: 10.11.2020)
- https://www.e-nummern.info/ (Stand: 11.11.2020)
- https://superveganer.de/2014/03/22/vegane-e-nummern/ (Stand: 11.11.2020)
- Matthias Kemter: https://www.stuttgarter-nachrichten.de/inhalt.woraus-besteht-gelatine-mhsd.5037a654-24e9-4143-a706-6a18456458d4.html (Stand: 12.11.2020)
- Bradbury, K.E., Crowe, F.L., Appleby, P.N., Schmidt, J.A., Travis, R.C., [&] Key, T.J. (2014).Serum concentrations of cholesterol, apolipoprotein A-I and apolipoprotein B in a total of 1694 meat-eaters, fish-eaters, vegetarians and vegans. *European Journal Of Clinical Nutrition*, Vol. 68 (2): 178-83.

Leistungssteigerung im Sport – Vegan macht es möglich

- Anja Laabs: „Mangelernährung – Mehr als nur ein Mangel: https://deutsch.medscape.com/artikel/4900839 (Stand: 19.11.2020)
- https://www.supplements.de/magazin/nahrungsergaenzungsmittel-veganer/ (Stand: 20.11.2020)
- Mathias, Tertilt: https://www.quarks.de/gesundheit/ernaehrung/ist-tierisches-eiweiss-wirklich-besser/ (Stand: 24.11.2020)

Pflanzlich gesund

- Li J, Lee DH, Hu J, et al. Dietary inflammatory potential and risk of cardiovascular disease among men and women in the U.S. J Am Coll Cardiol.
- Ottaviani JI, Britten A, Lucarelli D, et al. Biomarker-estimated flavan-3-ol intake is associated with lower blood pressure in cross-sectional analysis in EPIC Norfolk. Sci Rep. Published online October 21, 2020.
- Viguiliouk E, Glenn A, Nishi SK, et al. Associations between dietary pulses alone or with other legumes and cardiometabolic disease outcomes: An umbrella review and updated systematic review and meta-analysis of prospective cohort studies. Adv Nutr. 2019;10:S308-S319.
- Dahlke, Ruediger. Peace Food: Wie der Verzicht auf Fleisch Körper und Seele heilt. Gräfe und Unzer, 2011.

Vegan on an budget – wie Sie mit veganer Ernährung Geld sparen

- https://www.peta.de/vegan-guenstig (Stand: 15.11.2020)
- https://www.umweltberatung.at/lebensmittel-richtig-lagern (Stand:15.11.2020)

Vorurteile über Veganer

- Keller, M. & Gätjen, E. (2017). Vegane Ernährung – Schwangerschaft, Stillzeit und Beikost. Verlag Eugen Ulmer: Stuttgart.
- Pernille Stemann Larsen ‚Anne-Marie Nybo Andersen ‚Peter Uldall ‚Bodil Hammer Bech ‚Jørn Olsen ‚Anne Vinkel Hansen ‚Katrine Strandberg-Larsen: Maternal vegetarianism and neurodevelopment of children enrolled in The Danish National Birth Cohort: https://onlinelibrary.wiley.com/doi/abs/10.1111/apa.12761
- Yvan Vandenplas ‚Pedro Gutierrez Castrellon, Rodolfo Rivas, Carlos Jimenez Gutiérrez_‚Luisa Diaz Garcia, Juliana Estevez Jimenez, Anahi Anzo, Badriul Hegar, Pedro Alarcon: Safety of soya-based infant formulas in children: https://pubmed.ncbi.nlm.nih.gov/24507712/
- https://www.vechi-studie.de/
- Stefanie Uhring: https://www.quarks.de/gesundheit/ernaehrung/vitamin-b12-und-vegane-ernaehrung/ (Stand: 14.11.2020)

- Bonnie Beezhold, Cynthia Radnitz, Amy Rinne, Julie DiMatteo: Vegans report less stress and anxiety than omnivores: https://pubmed.ncbi.nlm.nih.gov/25415255/

Philosophische Betrachtungsweise

- Singer, Peter: „Alle Tiere sind gleich", in Angelika Krebs (Hg): Naturethik. Grundtexte der gegenwärtigen tier- und ökoethischen Diskussion, Frankfurt a. M.1997, Seite 13-32.
- Regan, Tom: „Wie man Rechte für Tiere begründet, in Angelika Krebs (Hg): Naturethik. Grundtexte der gegenwärtigen tier- und ökoethischen Diskussion, Frankfurt a. M.1997, Seite 33-46.
- Taylor, Paul W.: „Die Ethik der Achtung gegenüber der Natur", in Angelika Krebs (Hg): Naturethik. Grundtexte der gegenwärtigen tier- und ökoethischen Diskussion, Frankfurt a. M.1997, Seite 111-143.
- Oermann, Nils Ole: „Albert Schweitzer – Eine Biographie", Beck Verlag, München 2013.
- Pohl, Sabine: „Albert Schweitzers Ethik als Kulturphilosophie – Kann die Ehrfurcht vor dem Leben Maßstab einer Bioethik sein?", Narr Francke Attempto Verlag, Tübingen 2014.
- Schweitzer, Albert: „Die Ehrfurcht vor den Tieren", Herausgegeben von Erich Gräßer, Verlag C.H Beck, München 2006,

- Schweitzer, Albert: „Die Ehrfurcht vor dem Leben – Grundtexte aus fünf Jahrzehnten“, Herausgegeben von Hans Walter Bähr, Verlag C.H. Beck München, 1991.

Schluss:

- Campbell, Colin, Thomas Campbell: "China Study Die wissenschaftliche Begründung für eine vegane Ernährungsweise“, BenBella Books Inc., Dallas, 2004.

1. Auflage
Kontakt: business@nerdzplanet.com
Covergestaltung: Jay Dela Gracia

Printed in Germany
by Amazon Distribution
GmbH, Leipzig

24506031R00102